跨国谈判
本土化战略

跨越文化差异、增加跨国谈判成功率的
7种思维模式

[比] 让-皮埃尔·科恩　　[比] 马克·雅各布斯　　著
Jean-Pierre Coene　　　Marc Jacobs

王凯华　译

复旦大学出版社

致谢

我们对每一位为本书倾情贡献了观点及精力的人表示感谢。
他们的反馈价值非凡。

特别感谢：

Linda Matthewman, Emily Jacobs
的耐心支持。

David Arnold, Gert Jan Hofstede, Huib Wursten, Masato Oue,
Patricia Ford, Nicolas Fries, Daisy Radevsky, Regis Heyberger,
Philip Cashman, Naoya Gomi, Jean-Philippe Coene, Peter Stansby,
Egbert Schram, Celia Zanin, Thomas Imfeld, TatjanaVon Bonkewitz,
Angela Wang.

序

"没有什么能比一个优秀的理论更为实用"[库尔特·勒温（Kurt Lewin, 1890—1947年）]。情况或许如此，但即使是一个优秀的理论，也可能需要一些解释和理解。这正是让-皮尔埃·科恩（Jean-Pierre Coene）和马克·雅各布斯（Marc Jacobs）所做的努力。这两位作者在商业界纵横驰骋多年，遇到过很多棘手问题，从中发现了理论可以帮助他们战胜困难。于是，两位作者将自身所学总结成一种系统的、易于理解的方法论。如果你是一名经验丰富的销售员，你自然知道，一旦跨越国界，令人惊讶的（往往是令人沮丧的）意外事件常有发生。本书可以让你更好地利用自身的经历，帮助你在未来达成更好的交易。本书以吉尔特·霍夫斯泰德（Geert Hofstede）等人创建的国家文化的6维模型理论为基础加以阐释，有着坚实的理论基础，绝非泛泛空谈。

这本书非常实用，它读起来像小说一样引人入胜，运用了简明扼要的理论总结、精心挑选的隐喻以及大量商业生活中的真实案例。如果你正打算建立新的伙伴关系，请先阅读本书；如果你想要解读自身经历的跨文化事件，也不妨请回到本书中来。我坚信你和你未来的合作伙伴都将因此受益无穷。

格特·扬·霍夫斯泰德（Gert Jan Hofstede）

目录

1 引言   1

2 为何要读本书？谁来读？如何读？   5

3 国家文化的 6 维模型理论   7
    3.1 权力距离指数或等级观念   8
    3.2 个人主义与集体主义或集体观念   9
    3.3 男性气质与女性气质或对积极性的态度   9
    3.4 不确定性规避指数或对不确定性的态度   9
    3.5 长期性倾向或时间观念   10
    3.6 放纵与约束或享乐观   10

4 营销流程的 6 个步骤   11
    4.1 建立联系   12
    4.2 建立信任   13
    4.3 确认需求   13
    4.4 商业提案   14
    4.5 价格谈判   16
    4.6 达成交易   17

5 跨国谈判的 7 种思维模式   19
    5.1 谈判是一场竞赛   24
    5.2 谈判是一套流程   24
    5.3 谈判是一场共赢的探索   25
    5.4 谈判是一曲外交芭蕾舞   26
    5.5 谈判是一次利益互换   26
    5.6 谈判是一场马拉松   27
    5.7 谈判是一次对完美的追求   28

6 与"竞争者"谈判   29
6.1 为何我们称之为"竞争者"?   30
6.1.1 谈判是一场竞赛   31
6.1.2 名字的使用   31
6.1.3 "我们不代表公司"   32
6.1.4 情绪是软弱的体现   32
6.1.5 对不确定性处之泰然   33
6.1.6 倾向于短期计划   35
6.1.7 英式礼节   35
6.2 与"竞争者"的销售流程的 6 个步骤   38
6.2.1 建立联系   38
6.2.2 建立信任   39
6.2.3 确认需求   40
6.2.4 商业提案   41
6.2.5 价格谈判   42
6.2.6 达成交易   43

7 与"组织者"谈判   45
7.1 为何我们称之为"组织者"?   46
7.1.1 "组织者"非常注重流程   46
7.1.2 对组织的认知   47
7.1.3 功能性等级制度   47
7.1.4 规避不确定性   47
7.1.5 做最好的   48
7.1.6 今天的投入是为了美好的明天   48
7.2 与"组织者"谈判的 6 个步骤   49
7.2.1 建立联系   49
7.2.2 建立信任   50
7.2.3 确认需求   51
7.2.4 商业提案   51
7.2.5 价格谈判   52

7.2.6　达成成交	53

8　与"联结者"谈判　　55

8.1　为何我们称之为"联结者"？	56
8.1.1　寻求平衡和共识	56
8.1.2　群体形象	57
8.1.3　市场价格	57
8.1.4　公司的声誉和规模	57
8.2　与"联结者"销售的 6 个步骤	58
8.2.1　建立联系	58
8.2.2　建立信任	59
8.2.3　确认需求	60
8.2.4　方案展示	61
8.2.5　价格谈判	61
8.2.6　达成交易	62

9　与"外交官"谈判　　65

9.1　为何我们称之为"外交官"？	66
9.1.1　组织与权威洞察	66
9.1.2　对语言艺术的热爱	67
9.1.3　演绎推理法	67
9.1.4　追求高雅	67
9.1.5　对不确定性的恐惧	68
9.1.6　法国人的傲慢	69
9.1.7　"大反转"	69
9.1.8　务实主义	70
9.2　与"外交官"销售流程的 6 个步骤	71
9.2.1　建立联系	71
9.2.2　建立信任	72
9.2.3　确认需求	73
9.2.4　方案展示	74
9.2.5　价格谈判	75

		9.2.6 达成交易	75

10 与"互惠者"谈判 — 79

- 10.1 为何我们称之为"互惠者"? — 80
  - 10.1.1 一切都关乎互惠 — 80
  - 10.1.2 礼仪和习俗 — 81
  - 10.1.3 等级和决策 — 81
  - 10.1.4 裙带关系 — 81
- 10.2 与"互惠者"销售流程的 6 个步骤 — 83
  - 10.2.1 建立联系 — 83
  - 10.2.2 建立信任 — 84
  - 10.2.3 确认需求,商业提案和价格谈判 — 85
  - 10.2.4 达成交易 — 86

11 与"马拉松选手"谈判 — 89

- 11.1 为何我们称之为"马拉松选手"? — 90
  - 11.1.1 互惠互利 — 90
  - 11.1.2 亚洲策略 — 91
  - 11.1.3 中国消费者以及他们与世界其他国家的关系 — 91
  - 11.1.4 "小皇帝"时代 — 92
- 11.2 与"马拉松选手"销售流程的 6 个步骤 — 93
  - 11.2.1 建立联系 — 93
  - 11.2.2 建立信任 — 94
  - 11.2.3 识别需求,商业提案,价格谈判和签订协议 — 95

12 与"工匠"谈判 — 101

- 12.1 为何我们称之为"工匠"? — 102
  - 12.1.1 独特又熟悉 — 102
  - 12.1.2 似乎是等级森严又或许不是 — 103
  - 12.1.3 "Nemawashi"过程 — 103
  - 12.1.4 Kuuki Yomenai — 104
  - 12.1.5 历史与未来 — 104

	12.2 与"工匠"销售流程的 6 个步骤	105
	12.2.1 建立联系	105
	12.2.2 建立信任	106
	12.2.3 确认需求	107
	12.2.4 商业提案	108
	12.2.5 价格谈判	108
	12.2.6 达成交易	109
13	文化科学	111
	13.1 国家文化的 6 维模型	115
	13.1.1 权利差距指数（PDI）或等级制度观念	116
	13.1.2 个人主义与集体主义（IDV）或对群体的态度	117
	13.1.3 男性和女性气质（MAS）或积极性态度	118
	13.1.4 不确定性回避指数（UAI）或对不确定性的态度	119
	13.1.5 长期性导向（LTO）或时间观念	120
	13.1.6 放纵与克制（IND）或享乐观念	121
	13.1.7 哈布·韦斯滕的文化集群	122
	13.2 演绎推理与归纳推理	123
	13.3 个人主义社会和集体主义社会在谈判风格间的关键差异	125
	13.4 时间观念	128
附件		131
	国家（地区）名单	132

1.
引言

鱼一生游荡于水中而不知水为何物。

—— 阿尔伯特·爱因斯坦

1

你是否经历过以下几种情况：交易失败了，却并不清楚问题出在哪里？有时候会觉得买方表现得有失公允甚至不礼貌？或时常会为谈判周期过长或准备过分仓促而感到困惑？

尽管你已掌握了所有的销售技巧，深谙如何开展业务并达成交易，但奇怪的是，一旦与来自其他国家的人进行交易，情况就会有所不同。在自己国家让你得心应手的谈判方式和风格似乎不再奏效了。

面临以上的各种挑战，你是否考虑过或许这一切都是文化差异造成的？极有可能，你会发现原因正是来自本国与其他国家之间的文化差异。在愈发全球化的当今世界，跨文化交流的能力显得尤为重要。

几年前，马克（Marc）正致力于与总部设在荷兰的一家重要的国际公司达成交易。就在他已接近最后的细节确认时，外部因素导致他必须将谈判移交给他的一位同事。因为弗朗索瓦（François）对这次的客户及谈判细节都有所了解，所以，马克把谈判交给了他来接管。马克当时非常有信心，认为弗朗索瓦不费吹灰之力就能达成交易。

几个星期后，马克和弗朗索瓦于百忙之中见了一面，马克向他询问了该交易的进展。弗朗索瓦沉默了片刻，然后告诉马克，他最近和荷兰采购总监伯特（Bert）进行了一次会面。他继续说，在他看来，这次会议完全是一场灾难。

可以想象，马克听到后有多么震惊，所以，他让弗朗索瓦说明当时的情况。弗朗索瓦说："伯特表现得非常咄咄逼人，我感到非常震惊，要和他达成这次交易几乎是不可能的。"

马克对此感到困惑，特别是弗朗索瓦曾经在处理各种大额交易方面有着杰出的表现。正当他百思不得其解的时候，他突然意识到弗朗索瓦的经验和成功案例完全来源于法国客户。

马克成长于比利时北部，毗邻荷兰边境，他习惯了与极为直率的荷兰邻居打交道。或许你从名字就能猜出弗朗索瓦是法国人，而在法国商业谈判是以一种类似外交的风格进行的。在法国人看来，荷兰人的直接是非常粗鲁的，如此行为在法国只会让交易告吹。然而，在荷兰人看来，直接沟通是避免误解的高效手段而非粗鲁的表现。

于是，马克明白了，伯特曾试图向弗朗索瓦勾勒一副清晰的画面，

引言

以便弗朗索瓦能够分析他的需求,并为两家公司提供最好的解决方案。以伯特的立场看来,这里没有任何隐义或情绪因素在里面。

马克向弗朗索瓦解释说,伯特的目标是实现双赢,他相信如果弗朗索瓦采取更直接的做法,这笔交易将迅速而圆满地结束。在荷兰人看来,清晰直接的方式能够建立对彼此的信任并实现长期的伙伴关系。

弗朗索瓦对马克的建议感到不安,对此半信半疑。不过,他最终采纳了他的建议并回去约见了伯特。

几天后,他打电话给马克,惊讶地表示马克的建议非常奏效,他在一次简短而高效的会议上成功地达成了交易。

2.

为何要读本书?
谁来读?
如何读?

2

本书致力于提供一套简便有效的实用系统，基于 7 种易于理解的思维方式，以便帮助你在世界各地都能成功完成谈判。

你将由此了解到不同国家对应的最普遍的文化思维模式，以及如何相应地调整谈判战术。

在多年的跨国贸易职业生涯中，我们已然了解了文化在与客户的互动中的重要性，这也最终导致我们两人加入了霍夫斯泰德洞察（Hofstede Insights）。霍夫斯泰德洞察是一家跨文化和组织文化管理的专业咨询机构，以对文化影响力提供深度洞察为使命。本书正是以格特·霍夫斯泰德（Geert Hofstede）著名的国家文化 6 维模型理论以及哈布·韦斯滕（Huib Wursten）的文化集群概念为基础（见第 3 章和第 13 章）。

我们发现，已经有一些非常优秀的学术书籍涉及文化对跨国商业的影响，但极少有书籍以一种简单的方式指导读者"如何做"。本书通过将坚实的学术构架和多年的实际经验相结合，来填补这个空白。

你可以用两种方式使用本书：

（1）如果你想以此书作为你某一特定情况下国际谈判的指南，只需转到附录："国家（地区）名单"，选择感兴趣的国家，阅读相应的章节。

（2）如果你想从中获得真正的能力，了解其中的细微差别，并获得一定的知识储备，我们建议你阅读整本书，从而了解其中的学术支撑。

本书以一种典型的"盎格鲁－撒克逊"（盎格鲁与撒克逊两个民族结合后产生的民族，尤指以英美文化为主流的国家）读者文化偏好的方式构建。这意味着我们将快速进入到"如何做"的层面，而不是先进行总结和解释理论基础。如果你更喜欢先理解"为什么"的层面，在了解如何应用之前更喜欢先了解其中的背景和学术基础，我们建议你首先阅读第 13 章，再回到书的开头阅读。

正如之前所示，了解自身文化架构与谈判对手所处文化之间的差异是至关重要的，但这会比你想象的要难得多。很多时候，在我们到另一个行事作风完全不同的国家并经历一场文化冲击之前，我们甚至都不曾注意到自身所处的文化模式。只有那时，我们才开始意识到所谓的"正常"与他人有着巨大区别。

因而，如何解读本书将取决于你自己的文化视角，请在阅读时始终牢记这一点。

让－皮埃尔·科恩 & 马克·雅各布斯

（Jean-Pierre Coene & Marc Jacobs）

---

[1] Pervez N. Ghauri & Jean-Claude Usunier, *International Business Negotiation*, Oxford, England: Pergamon, 1996.

3. 国家文化的6维模型理论

3

在深入探讨本书的核心课题之前,大致了解下霍夫斯泰德的6维模型将对大家很有帮助。

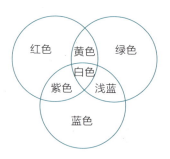

相信大多数人对于电脑屏幕上能定义任何颜色的RGB颜色对照表都不陌生,它将单独的3种颜色(红色、绿色和蓝色)视为颜色的尺寸,刻度范围为0~255,其他任何一种颜色均由一定量的红色、一定量的绿色和一定量的蓝色组成。

类似地,霍夫斯泰德的6维模型将国家文化分为6个维度,刻度范围为0~100。所以,就像人们可以用3个数字来描述任何颜色一样,6维模型可以用6个数字来描述任何国家的文化(分别来自6个维度中的每个数字)。

这些维度分别是什么?它们分别代表什么含义?接下来我们就将介绍6个维度中每一个维度的科学命名以及相应的实际含义。有关6维模型更详细的解释及其历史和科学背景,请查阅第13章。

3.1 权力距离指数或等级观念

权力距离指数(power distance index,PDI)这一维度对一个国家(或机构、组织)的结构和组织形式有重大影响。在此维度上得分低的社会中,可以说等级制度的存在是为了方便管理而非为了体现权力的等级,代表权是自然的事情,处在组织低层的人们期望能表达意愿,进而承担责任并拥有决策权。理想的领导者是民意和社会协调的促进者。

在此维度上与之相反的一端,等级制度则是"生而不平等"的一种呈现,决策高度集中,组织中的其他人只需要去执行决策而不应对决策提出质疑,组织结构中等级越高的人,拥有更多特权被认为是理所当然的。理想的领导者是专制统治者。

3.2 个人主义与集体主义或集体观念

个人主义与集体主义（individualism versus collectivism，IDV），它将单一社会在这个维度上的得分体现出人们的自我形象是用"我"还是"我们"来定义的。个人主义国家的沟通往往更加直率和口头化，集体主义国家则常常需要理解含蓄的表达，或"高度上下文语境"的沟通。在个人主义社会中，人们倾向于优先考虑任务的成功执行、合同，然后才是关系维护。相反地，在集体主义社会中，发展和维护关系是首要的，其次才是成功执行任务。

3.3 男性气质与女性气质或对积极性的态度[1]

男性气质与女性气质（masculinity and ferminity，MAS）是另一个重要维度。

男性气质社会是代表性别角色明显不同的社会：男性要自信、坚韧、专注于物质上的成功；女性则应谦和、温柔、关心生活质量。整个社会更具竞争力，成就决定社会地位。在这些社会，尽管妇女表现的自信、坚韧及专注于物质上的成功越来越被接受，但人们通常并不太能接受男性表现的谦和、温柔和关心生活质量。

女性气质社会是一个社会性别角色充分重叠的社会：男女都应该谦和、温柔并关心生活质量。这些社会倾向于拥有强大的社会支撑网络，父母双方都可享受的产假，强大的社会保障制度以及"为享受生活而工作"的社会伦理等。北欧国家就有很好的例子。

3.4 不确定性规避指数或对不确定性的态度

不确定性规避指数（uncertainty avoidance index，UAI），此指数较高的国

---

[1] 此话题值得必要的"提示"，因为"男性气质与女性气质之间"的措词本就是潜在的争议来源，特别是在此维度上得分相对较高的社会中。本书保留霍夫斯泰德的原始描述，因为我们没有资格改变这一在社会科学中拥有广泛共识的术语。我们建议读者可以把这个维度理解为是"强硬"与"柔和"。欲了解更多信息，请访问 www.hofstede-insights.com。

家保持着严格的信仰和行为守则，不能容忍非正统的行为和观念，通过规则和形式来结构化生活是必要的，能力和专长被高度重视，焦虑水平也往往更高。不确定性规避指数低的社会保持着更放松的态度，认为实践比原则更重要，人们往往更具创业精神和创新性。

3.5　长期性倾向或时间观念

在长期性倾向维度上分数较低的社会通常更愿意遵循历史悠久的传统和规范，对社会变革持怀疑态度，认为"真理"往往是绝对的，鼓励非黑即白的思维。相反，此分数较高的文化则采取更加灵活的方式，"真理"往往不那么绝对，而更多地是与实际的具体情况相关，鼓励储蓄及现代化教育来为未来做准备。

3.6　放纵与约束或享乐观

较高的放纵分数表明一个社会允许相对自由地满足人们对享受生活、乐趣的基本的、自然的欲望，但同时也是暴力的。在此维度上的另外一端，限制享乐的分数则表明该文化通过严格的社会规范来抑制欲望的满足。

4.
营销流程的6个步骤

4

接触过商业谈判的人都知道，一场交易必须要经过多个步骤才能顺利完成，我们称为销售流程。我们创建了一个由 6 个不同步骤组成的销售流程模型。

这 6 个步骤缺一不可，一般取决于谈判的处境或谈判对手的类型，谈判过程可能是线性的（西方方式）或曲折循环的（东方方式）。一般来说，在西方，销售步骤是按顺序进行的；而在东方，这些步骤的顺序可能会不同，步骤之间的区别也不太明显，而且有些步骤可能随时需要重复进行。

4.1 建立联系

任何销售人员都知道，销售的第一步可能要比想象的艰难得多，与客户建立联系并安排第一次会面绝非易事。这一情况在所有文化中只有两种例外：如果你为一家享有盛誉的公司［例如空中客车（Airbus）、波音（Boeing）或谷歌（Google）］工作，那么可能仅仅出于好奇心，客户便爽快地安排与你会面；第二种情况是参与谈判的人本身就是个名人，假设退役的网球明星如安德烈·阿加西是你的竞争对手，他获得会面的机会可能比你容易得多……

如果你既不为谷歌效力，也不是退役的网球传奇人物，恐怕你就属于需要为开发新客户而努力奋斗的队伍了。建立联系的方式和困难程度因文化不同而有很大的差异。在一些文化中，一个简单的电话就足够了；在另一些文化中，需要有对方信任的人进行推荐；还有一些则纯粹需要坚持不懈，在建立联系前你可能要连续打 10 个电话。

这正是这个职业的魔力所在，非销售人员经常想知道我们是如何能进入那些看似坚不可摧的堡垒的。我们天生拥有久经磨炼的直觉，使我们能察觉别人的动机及需求，我们又拥有属于个人的独特行事风格和魅力，这就是我们的工作方式。

4.2 建立信任

坦白地讲，大多数人并不信任未知的人或物，这完全是人类自然的、根深蒂固的一种表现，从进化的角度来说这是有积极意义的。因此人们必然要付出很大的努力才能建立信任。

正因为对此步骤习以为常，有时候我们却会忽视这一步骤。建立信任对于确保双方保持相同的步调和立场至关重要。无论你是销售一套交钥匙工程还是一套软件，除非你已经和客户建立了最基本的共识和信任，否则，你将无法取得任何进展。为一家声誉良好的大公司工作比在一家初创公司工作更容易建立这种信任，但不管怎样，你都应设法做到这一点。我们不要忘记谈判也意味着为彼此服务，做交易需要一定程度的亲密关系，如果买家话说一半你就已经理解了他的意思，买家会对此非常赞赏。预测客户的问题有助于建立良好的沟通氛围和持久的业务关系。不仅客户要信任我们，我们也需要信任他们，两者同样重要。

尤其是对于大额项目的谈判，谈判的一方常常更多地参与到另一方的活动当中去。这使得建立信任更为复杂，你将需要运用所有的技巧和感官来了解谈判双方之间的关系，要懂得在对的时间与对的人讨论对的话题。一名专业的销售员在自己的国家往往能自动处理这种信任关系。然而，各个国家建立信任的方式是各不相同的，可以想象，在跨国业务中要建立信任关系有多么错综复杂。因为通常双方天然对对方感到不信任，这无疑在建立切实可行的信任关系之前增加了需要应对的挑战。

4.3 确认需求

确认需求有时并不需要正式性的确认，但要确保双方在需求上达成一致。即使是在本国谈判，这一步骤也有可能成为误解的根源，销售人员必须要足够勤奋并注重细节才能做好这一步。在本国文化中尚且如此，在另一种文化中的挑战性可想而知。

在一些文化中，买方往往只有一个模糊的、总体的需求。确认需求的过程是以销售方介绍总体产品开始的，以确保买方对其提供的所有产品、服务和解决方案都有足够的了解，销售方也无需担心在最初就错过某个商机。这是类似演绎的方法，从大的、一般性的格局开始，然后慢慢归结在细节上。

4

在其他有些文化中情况可能恰恰相反，人们倾向于采用归纳法，销售人员会事先收到一个明确的需要解决的问题，然后他们需要为该特定的问题提供最佳的解决方案。这种方法是完全去人性化的流程，如自动询价单机制（Request for Quotation），这在盎格鲁－撒克逊世界非常普遍。

在某些文化中（如亚洲和拉丁美洲），人的因素如此重要，以至于客户和供应商之间的人际关系能打破原本的平衡。供应商首先考虑的是："我们彼此信任并且关系很好，我们可以进行哪些合作？"而不是另一些文化中相反的逻辑："我们要进行合作，我们可以相互信任吗？"

在世界各地，你会发现很多文化介于两个极端之间并且各不相同。根据自身文化与客户的不同，你可能会发现或多或少难以完全准确地确认客户的真实需求。

4.4　商业提案

既然已经圆满完成了前 3 个销售步骤，现在是时候进行提案了。你可能已经在之前的步骤中草拟了一个价格，但尚未确定最终价格。

关键卖点

有时候，产品特征并不是销售的关键卖点。在自身所处的文化中，直觉会告诉你哪些卖点才是买方真正关心的。

举一个例子，稍后本书将在每个文化大类中再次使用这个案例。想象一下，你正在试图说服当地的经销商购买（并转售）一种全新概念的、限量版的高级腕表。以下是你可能会考虑到的卖点列表：

* 可靠性
* 优雅的设计
* 技术性能（如时间精度或耐水性）
* 良好的投资（保值性）
* 状态提示功能
* 环保生产

卖点的选择及其排列的顺序将受到文化的高度影响。我们会在下面的各个文化的章节中加以详细介绍。

营销流程的 6 个步骤

书面提案

即使在当今的电子邮件和互联网时代，许多文化中的人们仍然高度重视书面提案，它犹如谈判的基石，是一种承诺和保证。它包含所有条件、例外、折扣、奖金等，并由经理或董事签字。如今，书面提案不一定非得是纸质版的，也可以采取电子版的形式，但重点是要有一个这样的参考文件。

定价

为了说明各文化间倾向于不同的定价方式，我们来看一个汽车的例子。在盎格鲁－撒克逊国家，汽车的价格通常呈现在其顶部的大广告牌上面，用非常大的字体一次性展现全部价格。这笔交易非常简单明了，没有任何模糊解释或虚假陈述的余地。你看到的价格即是最终的价格。

在另一些文化中，你会看到汽车的价格也是同样标在广告牌上，但此定价仅限于一辆基本的汽车，随之附带一系列单独定价的可选附件，并包含所谓的"免费附加"。这是为了使买家产生某种错觉：他从中获得了某种特殊的优惠。

由此我们看到，每种文化都有其自己的价格呈现方式，对你来说常用的报价方式可能并不一定适合你的客户。

价格

在让－皮埃尔的高卢文化中，一场管理完善的交易应该是所有的细节已商定，价格作为最后一步敲定。在其他文化下的情况并不是这样，甚至可能是完全相反的。

高卢文化以其高调的智慧主义而闻名，不喜欢谈论金钱。有一点表现得非常明显，对于那些总是围绕着庸俗的"金钱与价格"话题生活的"纯销售人员"，某些社会阶层的人们会避免与他们进行社交。这是非常典型的拉丁文化的行为——金钱是肮脏的。但另一方面，自罗马时代以来，我们又不得不提醒自己，金钱并不那么令人厌恶。买方往往会因与销售人员（这些"恶魔"）合作而使得他的公司享有特别的声誉。对于哪些邀约或提案是可以接受的，买家会从销售人员那里得到非常清晰的建议。

肮脏的金钱

在许多文化中，特别是一些更高的社会阶层，金钱被认为是肮脏的，我们建议你在分析谈判对手之初尽早考虑到这一点。虽然世界各地的商业都围绕着金钱，但

4

并不是所有的商业都以钱为主要目标。经济增长、社会发展、教育及福利也是很多商人的深层动机，金钱被认为是"nerf de la guerre"（基石）——它是实现最终目标所需的关键要素之一。

4.5 价格谈判

"好价钱"的定义在世界各地间的差别巨大。在让 – 皮埃尔的文化中，价格虽然非常重要，但也只是交易的一个要素而已。通常，销售经理的工作是确保买方能理解并欣赏产品所有要素的价值。销售方第一次提出的价格往往被拒绝，买方的职责就在于将供应商置于一定的压力之下。交易的游戏一旦开始，期间会有许多反复，卖家会改变、改进和调整他的原始报价，我们可以称为"外交芭蕾"。这场芭蕾的重要性与正在谈判的交易的重要性成正比。提供原始报价的同时，销售方会有一个备用计划 B，以便对买方的反复作出快速反应，一个优秀的买方显然深谙此道，一场你来我往的芭蕾表演便开始了。如果谈判涉及许多参与者，这可能会是一个旷日持久的过程，有可能会需要重新定义需求、计算成本价格和评估利润。销售经理的素质、谈判的准备程度以及上一步确认需求的情况都将会对本次谈判产生重要的影响。

在最初几步销售流程中，找到决策者非常关键。决策者是你正在谈判的对象吗？是谈判对象的上级？或者是整个团队？如果是这样，团队动向如何？谁拥有真正的权力？——这可能不如你想象得那么简单。

个人逸事

马克被一位德国客户邀请前去参加技术鉴定大会，该客户计划使用一种新型包装，想要从这次技术大会中选出最佳的新型包装材料。该客户的品牌以卓越的产品质量著称，这次包装材料的转变是潜在的冒险之举。马克接到了客户质量经理的电话，他告诉马克他正在邀请市场上所有的供应商提交最好的材料来进行测试，并自豪地解释他设计的测试方案。他的质检要求远远超过市场上的标准，但以合理的额外成本仍是可以实现的。马克的团队在技术鉴定会上使尽了浑身解数并最终得以大获全胜。接下来便到商业谈判的时候了。马克当时已经对客户的质量经理非常了解了，他清楚地知道，因为该公司的品牌完全立足于卓越的产品质量，所以，已经赢得了质量鉴定大会的他在谈判中会拥有很大的发言权。德国是一个崇尚专家的国度，可能比世界上任何其他国家都更顺从专家的意见，所以，即使在商业领域，马克知道采购经理甚至公司的老板都不太可能作出任何违反质量经理建议的决定，这给了他很大的定价权和谈判权。可以说这是马克长期以来的最佳业务之一，这一切建立在充分理解当地文化和正确辨别真正决策者的基础上。

4.6　达成交易

书面提案

在最后达成交易这一步中，重要的是保持跟进，如果长期没有行动，对大家都将不利。当然，销售经理需要在耐心和效率之间保持平衡，有时候完全撤回交易不一定是坏事。

最终决定

设想一个非常典型的情况：你正与其他几家供应商进行竞争，买方告知你，总体上你的报价是最佳的，交易算完成了？——绝对不是。你已经接近最终目标了，但正如英国人说的那样，事情还没完全结束前结局都是未知的。你可能会发现该交易仍必须获得有些人（高层管理者、某个委员会）的批准才可以。这个决策是如何做出的？

在让－皮埃尔的文化中，该决策的过程通常情况下仍保有一定的神秘感，由组织顶端的掌权者有意为之。你可能有最佳的报价，但当到了在协议上签字的时候，价格本身可能会变得不那么重要了，因而要尽可能早地掌握真正的决策过程非常关键。谁真正掌管着权力？谁是真正的决策者？你的谈判对象获得了（敲定交易的）授权吗？你掌握了所有你应该知道的信息了吗？

5.
跨国谈判的 7 种思维模式

5

　　正如之前提到的，本书致力于提供一套简便有效的实用系统，基于 7 种易于理解的思维方式，以帮助大家在世界各地都能谈判成功。

　　接下来你会了解到通常情况下哪一种思维模式在哪个国家更普遍及其缘由。但应该注意的是，任何事情都不是绝对的，哪一种思维模式最能体现谈判对手的特征，有时取决于具体情况。了解了对手的思维模式，你就可以据此调整谈判方式，并最大限度地提高你成功的机会。通过阅读本书，只需投入 15～30 分钟的时间来回答一些有针对性的问题，就能使你辨认出谈判对手的文化思维。

　　到目前为止，你可能会认为每个人都是独立的个体，不可一概而论，将世界上所有人都概括到 7 种文化思维方式中似乎过于简单化。我们将向大家证明，本系统如果被应用得当，将使你在世界各地的谈判中都游刃有余。针对每种思维模式，我们提供了相应的国家（地区）列表，仅作参考。

　　哈布·韦斯滕，霍夫斯泰德洞察公司的高级合伙人，创建了 7 种文化集群的概念[1]，每种文化集群代表一组基于霍夫斯泰德 6 维模型的具有共同特定文化特征的国家。所谓文化集群，是指对社会运作方式拥有相似观点以及对所谓"正常行为"有相似概念的国家[2]。

　　谈判方式、决策方式、动机模式、说服方式和客户的行为方式在各个文化集群之间是截然不同的。对于每个集群，我们都给出相应的象征形象，旨在对不同的谈判对象进行分类，但这并不完全绝对，而是作为总体的参考标准。

　　想要清晰地了解自己的文化模式绝非易事，你或许有兴趣查看 www.hofstede-insights.com 了解你所在的国家 / 感兴趣的其他国家的指数分布。可能会出现这种情况：你所在国家的得分不能代表你的文化思维，这可能是因为你在多元文化环境中长大，又或者在你的文化形成期当中你曾在多个国家生活。

1　有关文化集群的详细说明，请参阅第 13 章。当韦斯滕建立了他的"文化集群"概念时，霍夫斯泰德教授在当时只确定了前四个维度，即 PDI、IDV、MAS 和 UAI。
2　有关霍夫斯泰德文化的 6 维模型的详细说明，请参见第 13 章。

5

使用霍夫斯泰德洞察文化指南™ 衡量你的文化倾向

由于你自己的文化偏好可能与你本国的一般情况不同，因此，本次调查将以霍夫斯泰德模型来衡量你的个人偏好。"文化指南"™ 可以帮助你具象化自身文化偏好所带来的影响以及潜在的行为陷阱。

详细报告将以电子邮件的方式发送给你：

* 你分别在 6 个维度上的分数
* 你所在国家的分数
* 你感兴趣的国家分数
* 通过将个人分数与所感兴趣的国家的一般文化倾向进行比较，提供详细的个性化建议
* 与你文化偏好最相似的国家列表
* 与你文化偏好最不同的国家列表

请访问 www.hofstede-insights.com/culture-compass，选择"谈判者"选项，选择你感兴趣的国家并展开调查。

输入代码：NEGOSTYLE，即可获得此在线工具半价的折扣。

跨国谈判的 7 种思维模式

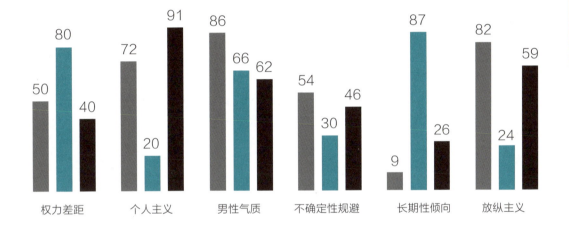

权力差距　个人主义　男性气质　不确定性规避　长期性倾向　放纵主义

● 你
● 中国
● 美国

5

5.1 谈判是一场竞赛（第6章）

第 1 种思维模式：与"竞争者"谈判。这种思维模式可能会对应于各种各样的比喻形象：从蛮力和技巧一样重要的摔跤比赛；到完全依赖于技能的武术比赛；再到策略胜于一切的围棋比赛。至于适应于以上哪种情况，具体取决于你正在谈判的对象。无论如何，你的对手的核心思维是"竞争"，谈判对于他们来说是一场旨在取得胜利的对抗，崇尚"适者生存"而非同情弱者的理念。

如何辨别这种思维模式？

仔细聆听对方的侧重点和他所使用的词汇。很可能你会发现以下几个词汇出现的频率极高：挑战、成就、一定要成功、快速成功、获胜、快速解决方案、目标。

你可以通过以下问题来测试是否属于这种思维：

* 您为什么对我们的产品感兴趣？
* 什么会促使您更换供应商？
* 什么能说服您？
* 什么会使您与我们终止合作？
* 您要花多少时间去解决……？
* 您的目标是什么？

最倾向于这种思维模式的是盎格鲁－撒克逊人，如美国、英国、澳大利亚、新西兰等。

5.2 谈判是一套流程（第7章）

第 2 种思维模式：与"组织者"进行谈判。几乎可以肯定的是，你遇到过这种类型的谈判对手，他们仔细、有计划、有组织，是所谓的讲究流程的思维方式中的翘楚。对于这种思维模式而言，认真遵照商定的谈判流程至少与谈判的实际目标一样重要（如果不是更重要的话）。他们倾向于寻求适合各个层次的、可与他们的谈判机制完美契合的合作伙伴。向对方了解清楚谈判的程序、需要遵循的步骤、需要经历的阶段，然后严格遵照他们的机制，在谈判尾声，达成交易几乎不是问题。

如何辨别这种思维模式？

仔细聆听对方的侧重点和他所使用的词汇。你很可能会发现如下几个词汇：专业知识、结构、信息、透明度、组织、过程、可靠性、参考、技术、可预测性。

你可以通过以下问题来测试是否属于这种思维：

* 您的决策过程是什么？
* 谁将参与决策过程？
* 您的专家能与我们的专家会面吗？
* 您的竞争对手会如何做？
* 您能分享测试结果吗？

最倾向于这张思维方式的是深受德国文化影响的国家，如德国、奥地利、捷克、瑞士德语区等。

5.3 谈判是一场共赢的探索（第8章）

第3种思维模式：与"联结者"进行谈判。很多人都在谈论寻求共赢是谈判的核心，许多书籍、大学和销售课程中也常常提及，但现实中要达成双赢却不像人们想象得那么容易。我们大多数人往往会陷入不同思维模式的困境中。然而，共赢是存在的。对于"联结者"来说，谈判是对惠及各方共赢的探索，而不是追求单方面的胜利。"联结者"的谈判代表一般见多识广，拥有广泛的人脉，非常开放和直接，并期望对方也如此。毕竟，如果各方都是诚实且直接的，只能找到一种共赢的方案来使各个参与方都能获得最好的结果。这种共赢带来的结果是长期的、共同获利的、真正的伙伴关系。

如何辨别这种思维模式？

仔细聆听对方的侧重点和他所使用的词汇。很可能你会发现以下几个词汇：共识、创意方案、创新、共同寻找解决方案、合作、幸福、共同利益。

你可以通过以下问题来测试是否属于这种思维：

* 我们可以一起解决什么？
* 您真正需要/想要的是？
* 我无法满足您全部的期望，但是您认为我们可以共同找到一种创意解决方案吗？

* 如果我们决定合作了，将如何处理供应商的更换？

最倾向于这种思维方式的国家是斯堪的维亚纳半岛上的芬兰、瑞典、挪威、丹麦等国以及荷兰。

5.4　谈判是一曲外交芭蕾舞（第9章）

第4种思维模式：与"外交官"谈判。受过良好教育并具备幽默感的"外交官"看起来非常友善、亲和，但也会相当有距离感。外交官的这种特质是非常具体的，谈判过程需要多次访问和会议——第一次自我介绍和公司介绍；第二次是破冰并开始建立关系；第三次是展示毅力和尊重。简而言之，这是一场真正的外交芭蕾，它需要小步向前迈进，腾出时间来拉近距离，从而更好地互相了解。"外交官"思维模式的中心思想是：并不是所有人都值得合作，一个人需要证明自己是位可敬的对手。

如何辨别这种思维模式？

仔细聆听对方的侧重点和他所使用的词汇。你很可能会发现以下几个词汇：哲学、集权组织、规则、可靠、礼节、荣誉、逻辑、有意义、高雅的解决方案。

你可以通过以下问题来测试是否属于这种思维：

* 原则上，您介意更换供应商吗？
* 我们的伙伴关系的哲学是什么？
* 我们的组织发展伙伴关系是合乎逻辑的，您认同吗？
* 我认为我们发现了一个高雅的折中办法，您同意吗？
* 您认为我们的合作有意义吗？

最倾向于这种思维的国家是拉丁语系国家（地区），如法国、西班牙、意大利北部、比利时等。

5.5　谈判是一次利益互换（第10章）

第5种思维模式：与"互惠者"谈判。我们发现这种谈判思维要比想象中更为普遍。"互惠者"与其说是想购买东西,不如说是想从他们信任的人那里买东西,关键点在于信任一个人。一旦他从你那里买了东西,他就认为他帮到了你,并期待得到相应的回报。随着时间的推移,我们逐渐认识到,在等级制度中的位置越高,这种谈判就越普遍。这不是为了金钱而交换服务或产品,而是相互交换利益。政治模式与其非常相似,不论在世界哪个地方。

如何辨别这种思维模式?

仔细聆听对方的侧重点和他所使用的词汇。很可能会发现以下几个词汇:信任、长期交易、忠诚度、参考、介绍、暗示、尊重、集权、不适应变化、关系比成功执行任务更重要。

你可以通过以下问题来测试是否属于这种思维:

* 在下次访问的时候,我可以邀请您共进午餐/晚餐吗?
* 我有一个朋友想在您的国家做实习,您认识能帮到他的人吗?
* 贵公司是家族企业吗?
* 您是否有兴趣参观我们的主要工厂(或总部)?

最具有这种思维模式的国家主要分布在东欧、非洲和南美洲。

5.6 谈判是一场马拉松(第 11 章)

第 6 种思维模式:与"马拉松选手"谈判。这类谈判对象似乎从来不做决策,也似乎从未真正完成交易。就算他这么做了,他也会因为这样那样的情况变化而重新审视你们一直以来达成的所有协议。通常,在交易结束签订合同之时,意味着谈判才刚刚开始,这显示双方已经建立了足够的信任来开始合作,但对方期望在合同期间你将拥有足够的灵活性和适应能力,以便在情况发生变化时进行必要的变通。西方的、顺序的、直线的谈判方式对于"马拉松选手"来说是陌生的。

如何辨别这种思维模式?

仔细聆听对方的侧重点和他所使用的词汇。你很可能会发现以下几个词汇:参考、介绍、适应变化、面子、项目哲学、信息、关系比成功执行任务更为重要。

你可以通过以下问题来测试是否属于这种思维：

* 这个项目对贵公司有多重要？
* 更换供应商对您来说容易吗？
* 您签订合同／明确规定有多重要？
* 我可以邀请您吃午饭／晚饭吗？
* 您有兴趣参观我们的主要工厂（或总部）吗？

最倾向于这种思维模式的国家分布在亚洲。

5.7 谈判是一次对完美的追求（第12章）

第 7 种思维模式：与"工匠"谈判。在关注人际关系的同时，工匠将每个微小的细节看得与大局同等重要。没有什么能逃脱"工匠"的眼睛。在与你建立可靠的信任之前，他们不会与你进行交易，他们寻求和谐的同时会确保交易的每一个小细节都是完美的。这种思维模式主要存在于日本，我们发现与这种思维模式的对手进行谈判与世界上其他地方的人有着非常不同的经历。

如何辨别这种思维模式？

仔细聆听对方的侧重点和他所使用的词汇。你很可能会发现以下词汇：精确度、专业知识、规划、效率、可靠性、无风险解决方案、良好的信誉、成功案例、长期的、连续性、韧性。

这种对完美的追求给人的印象是没有所谓的优先权，这种思维认为一切都同等重要。因此，从一开始就做好要回答数百个关于细节问题的准备。

你可以通过以下问题来测试是否属于这种思维：

* 您的决策过程及参与者是？
* 您的规划是？
* 您实现这一规划的预算是？
* 您对质量的要求是？
* 今天晚上我们可以一起喝酒吗？

6.
思维模式 1：

与"竞争者"
谈判

6

关键词：

个人主义、平等主义、以结果为导向、为工作而活、重视短期效益、竞争、获胜、创新、成就

6.1 为何我们称之为"竞争者"？

在我们的词汇中，我们将"竞争者"描述为非常个人主义、高度平等主义、自我激励、适应不确定性、时刻准备投入比赛或战斗，通常期待短期成果。

理解这一思维模式的关键在于要清楚这一切都是关乎个体。在全球范围内，美国、澳大利亚和英国占据个人主义指数排名的前三位（分别为91、90和89），这是该思维模式普遍存在于盎格鲁－撒克逊社会的原因之一。霍夫斯泰德在他的书[1]中推测，英文是唯一一种"我"总是用大写字母书写的语言，这可能并不是巧合。

由于英国是典型的以"竞争者"思维模式运作的国家，所以，我们选择以英国为例。在英国，我们会进入一个对客户来说比较简单直观的世界，交易赚钱是"自然的"，竞争有益于社会，承担风险是日常生活的一部分，人们对雄心勃勃引以为豪，每个人都为自己负责。只有结果是真正重要的，但是失败并不可怕，因为这是通往成功之路的代价。在BBC的议会频道上看一段"首相提问时间"，是对"竞争者"思维的最好体验。如果你从未看过该频道，而你并非来自"竞争者"国家，那么，做好被震惊的准备吧。

一旦你了解这种思维模式并适应了它的价值观，与"竞争者"的谈判就会相对容易，因为一切都很直截了当。对于"竞争者"而言，只要还没结束，比赛就要一直进行下去。伦敦在2012年赢得夏季奥运会举办权的方式就是一个绝佳的例子。当时的竞争主要存在于巴黎和伦敦之间。法国团队制定了一套漂亮的、精湛的、极为彻底的方案，他们相信巴黎优越的基础设施及其对细节的关注将确保他们一举中标。相比之下，伦敦的基础设施还有很多不足之处：比如，没有现代化的电台发言设施，交通网络趋于饱和，酒店容量不足等。总之，一切都需要进行建设。英国新

---

[1]《文化与组织：思维的软件》。

思维模式 1：与"竞争者"谈判

闻界已经开始试图从霍夫斯泰德的著作中寻找申奥失败的借口了。但是，对于首相托尼·布莱尔（Tony Blair）来说，这场战斗还没有结束。问题很简单：最终决策是如何作出的？答案：通过 104 张投票。结论：我们需要 53 张投票！托尼·布莱尔不愿在竞争结束前就放弃战斗，决定亲自领导他在世界各地已经非常活跃的游说团队。最后，他们成功了……赢得了 54 张投票的成绩。

在我们深入了解如何与"竞争者"谈判之前，先来了解下几条指导该思维模式的原则，了解这些原则将是意义非凡的。

6.1.1　谈判是一场竞赛

如果对于一些文化来说，谈判是外交上的演习；或是对共赢的探寻；抑或是一场马拉松；那么，对"竞争者"而言，这就是一场比赛。对"竞争者"来说，即使有时他们会碰壁，但这也能让他们不断地自我衡量和自我提升，这是令人兴奋的。失败只是比赛的一部分而已。当他们输了的时候，他们会保持良好的情绪，甚至会和他们的对手在附近的酒吧喝杯啤酒。

既然我们把谈判比喻为体育比赛，那么，如何理解比赛中的公平竞争呢？公平竞争是就个人层面而言的，很大程度上与比赛本身无关。商业谈判或商业关系并没有太多固定的规则（如果真的有的话）。（托尼·布莱尔赢得申办 2012 年夏季奥运会所需选票的方法是否"公平"是一个争议性问题……）

重要的是要明白，在比赛中，销售方是买方的对等方。在两个人或团队之间的比赛是在相同或足够相似的水平上进行的。不像其他一些文化，在"竞争者"文化模式中，客户与他们是对等的，客户是重要的，但他们并不是上帝。"只有最好的才能胜利"是"竞争者"的典型思维。

6.1.2　名字的使用

由于"竞争者"非常注重平等，因此，直呼其名的情况在"竞争者"间很普遍。除了英国保留了阶级敏感社会的某些方面之外，在"竞争者"文化思维的社会中，人们在交流中并不经常使用各类头衔。不要误以为这是缺乏尊重的表现。

6

6.1.3 "我们不代表公司"

当你和"竞争者"谈判时,他会仔细观察你,正如运动员在比赛前观察对手一样。如果一个"竞争者"对自己的公司或老板大加批判,不必对此惊讶。作为一个今天为某个公司工作的个体,"竞争者"明天也可能会为竞争对手工作——如果对方支付更多的薪酬。如果他批评你的公司,而你来自一个非常不同的文化背景,你可能会觉得受侮辱或攻击。了解这种思维模式后,你就会明白这并不意味着侮辱。

本质上,对于"竞争者"而言,作为个体,他通过满足公司所需的角色或功能,并在经济上获得相应回报——仅此而已。个人与他工作的公司之间的关系是纯粹的商业交易,无论是公司还是个人,对此都没有额外的期许。

如何利用这种思维方式以及这种个人与雇主之间的特殊关系来获利,其实非常容易。例如,你在谈判中完全可以这样说:"如果你处在我的位置,你也会拒绝你现在提出的要求。"你的对手可能会这么回答:"你说得对,但如果你处在我的位置,你也会提出相同的需求吧。"这完美地说明了"竞争者"的思维模式:努力为比赛竞争,而竞争的同时承认彼此为独立的个体。重要的是意识到,对于"竞争者"来说,一切都不是针对个人——一切只是生意。这种显著的反差会给其他文化中的谈判者造成很大的压力和情绪。

6.1.4 情绪是软弱的体现

在商业环境中,"竞争者"真的不喜欢情绪的展现,甚至可以说讨厌这么做。对于他们而言,交易就是交易,你需要能够在不感情用事的情况下就事论事。当心了,如果他说你太情绪化了,你的谈判对手实际上才是在侮辱你。对于一个"竞争者"来说,情感在商业中毫无立足之地。这与众多文化大不相同,对于南欧或拉丁美洲的人来说,这一点尤其具有挑战性。

> **个人逸事**
>
> 在让 - 皮埃尔对一家财政陷入困难的公司的例行访问中,公司的采购经理在会议开始时便向同事们宣布:由于他与公司的劳动合同即将终止,所以,这将是他们的最后一次见面。采购经理以相当现实的方式向让 - 皮埃尔解释了这一切,这激起了皮埃尔的兴趣,进而问

思维模式 1：与"竞争者"谈判

他怎么能平静地接受这一点：没有对此感到失望吗？他告诉让－皮埃尔，他会得到一场体面的告别会，无论如何，他理解这种"加减算法"。"他们别无选择，只能精简公司，让我走。"

对于"竞争者"而言，买卖不过是一场算数竞赛。注意，你可以利用这种思维来支持你的论点或拒绝降价。表达论点时永远不要感情用事，始终保持事实性、数字性和务实性。

6.1.5 对不确定性处之泰然

这是了解"竞争者"的一个非常重要的因素。通常情况下，"竞争者"并不害怕而且可以从容地面对谈判中留下的大量不确定性。"竞争者"相信，不管怎样，事情最终总会解决的。这使他们更具冒险精神，运用"扑克牌"策略，在谈判中虚张声势。在其他一些文化中，谈判者最大的恐惧就是害怕失败，但对"竞争者"来说并不是这样。

个人逸事

在让－皮埃尔的职业生涯早期，他在比利时取得了骄人的成绩，之后他搬到英国并从事类似的工作。他的工作目标是增加总销售额并提高盈利能力，正如他在比利时所做的一样。他原来所在的公司拥有卓越的产品品质，是唯一能够提供 100% 功能保证的复印纸的厂商，让－皮埃尔设法说服了他当时所有的比利时客户，放弃以自己的名义出售产品，全部以该公司的品牌名义销售产品。对客户来说，这存在库存较低的优势，但他们确实对产品的销售失去了一些控制权。有些客户一开始并不喜欢这个建议，但最终，每个客户都接受了他的策略，并开始以让－皮埃尔所在的公司的品牌名义销售产品。

让－皮埃尔抵达英国后，便开始与新公司的经销商会面，试图了解他们的需求。让－皮埃尔相信他能够部署相同的策略，并试图说服其中一个中型经销商接纳该策略。这是一位年轻有活力的经销商，他最近才创建了自己的业务，并且非常成功。让－皮埃尔承认，他认为

6

对方是个"容易的猎物",因为他注意到对方的成功是由于让-皮埃尔所在的供应商的产品质量非常出众,这占了他销售额的 75%。当让-皮埃尔向他解释说,一方面,他不能再以自己公司的名义销售产品而要以供应商公司的品牌名进行销售;另一方面,由于库存减少,他将大幅节省成本。这位经销商回答说,他不可能接受让-皮埃尔的建议。他完全认同是该公司卓越的产品质量使他能够迅速创建业务,但他明确表示无意放弃以自己的品牌名义来销售产品。

这位经销商为这次会面买单后,两人便分道扬镳了。在让-皮埃尔的故乡比利时,对于谈判的提议,人们往往会经过一段时间的考虑后再次会面讨论。但这位经销商满面笑容地说,让-皮埃尔可以尽情地尝试,但他不会再考虑,也永远不会放弃自己的品牌。尽管如此,让-皮埃尔一点不担心,仍然相信他们最终能够达成协议。他大错特错了。

仅仅在会面的两小时后,这位经销商给让-皮埃尔发了一份传真,取消了他们之间目前所有的订单,结束了他们的合作关系。他在传真中补充道:"我很清楚你们一心想在自己的品牌下进行独家销售。所以,让我们不要浪费彼此的时间了!"

在比利时,他们会花时间反复讨论谈判议题,寻求妥协,这种谈判方式对于让-皮埃尔来说再"正常"不过。这位勇敢果断的英国人,坚定地致力于建立自己的品牌,毫不犹豫地放弃了他们的合作关系,仅仅是因为让-皮埃尔的商业策略并不符合他的目标。事实上,让-皮埃尔的提案确实会改善他的财务状况,但这对他来说完全是无关紧要的。

让-皮埃尔的问题出在文化差异上。他将自己的"文化思维"应用到一个完全不同的环境中。在比利时及法国文化中,人们都需要确定性。当情况不明确时,他们会感到不适应,并将尽力减少这种不确定性。他们在不确定性规避维度上的指数非常高(比利时为 94,法国为 86)。

英国文化在这方面则是相反的。英国的不确定性规避指数是 35。英国人对不确定性非常适应,并且相信事情最终都会得到解决。来自比利时的让-皮埃尔的商业策略是基于客户规避不确定性的基础之上的。这与英国的情况并不符合。让-皮埃尔花了相当长的时间才意识到这一点,但最终他调整了商业策略并适应了英国的文化思维。

思维模式 1：与"竞争者"谈判

6.1.6　倾向于短期计划

对于"竞争者"来说，生活是一系列的竞赛，所以，短期的胜利很重要。在这里，极少有公司会制定五年或十年的规划。对本季度业绩的重视几乎总是超过对长期战略的关注。这点只需将德国的能源政策与英国、美国的能源政策进行比较便一目了然。德国着眼长远，逐步淘汰化石能源和核能，并发展可再生能源作为替代。英国则刚刚批准了对核能的新投资，目前来看会因此受益，但将环境负担转移到了未来。由于页岩气和石油供应充裕，美国选择继续关注化石燃料，选择了成本低廉的能源，但将气候变化负担留给了未来。

6.1.7　英式礼节

在一家跨国公司的培训期间，有人提出一个疑问："英国人因其礼貌而闻名。但这与其竞争的思维方式不互相矛盾吗？"

答案是：要明白，通过文化的长久发展，人们能够在一个社会中和谐地共同生活。正是因为英国人具有"竞争者"思维（个人主义者，追求成功和自尊），反而更需要相关的行为准则来规范这种竞争。想象一下，如果他们没有在公共汽车站排队的想法，可能会发生什么事？

另一种非常具体的英国文化特征是低调和含蓄。英国人非常擅长掩饰他们的真实意图，除非你在英国长大，否则，你可能会发现他们的话很难解读并常常会让你感到无所适从。英国人真的很喜欢用这种方式来刺激美国人和澳大利亚人。即使是其他以英语为母语的人也很难真正理解英国人所说的话，所以，想象一下对于非以英语为母语的人来说是多么困难。以下著名的"英国人所说的话和他们真正的含义"[1]列表是绝佳的例证。

英国人说了什么	英国人的含义是	被理解的意思是
I hear what you say 我知道了	I disagree and do not wish to discuss this any further 我不同意你所说的，也不想进一步讨论这个问题了	He accepts my point of view 他接受了我的观点

---

[1] 此被广为引用的列表的作者不详。

6

续表

英国人说了什么	英国人的含义是	被理解的意思是
With the greatest respect 致以最大程度的尊重	I think you are wrong (or a fool) 我想你错了（你是个傻瓜）	He is listening to me 他注意我说的话
Not bad 还不错	Good or very good 好 / 非常好	Poor or mediocre 差或平庸
Perhaps you would like to think about / I would suggest/ It would be nice if 或许你应该考虑 / 我建议 / 如果……会很好	This is an order. Do it or be prepared to bear the consequences. 这是命令。要么照做，要么准备承担后果	Think about the idea but do what you like 考虑下他的建议，但按我喜欢的方式去做
Oh by the way / Incidentally 对了，顺便说一下	This is the primary purpose of our conversation 这才是我们谈话的主要目的	This is not very important 这不重要
I was a bit disappointed / It is a pity that you 我有点失望 / 很遗憾，你……	I am most upset and cross 我非常沮丧和生气	It does not really matter 没关系
Very interesting 很有意思	I don't agree / I don't believe you 我并不认同 / 不相信你	They are impressed 他们印象深刻
Could we consider some other options? 我们可以考虑一些其他的选择吗？	I don't like your idea 我不喜欢你的想法	They have not yet decided 他们还没有做好决定
I'll bear it in mind 我会留意的	I will do nothing about it 我什么也不会做	They will probably do it 他可能会去做
Please think about that some more 请再多考虑一下	It's a bad idea. Don't do it 这是个坏主意。不要这样做	Good idea, keep developing it 好主意，继续努力
I am sure it is my fault 我相信这是我的错	It is your fault! 是你的错！	It was their fault 是他们的错
That is an original point of view 这个想法很新颖	You must be crazy 你一定是疯了吧	They like my ideas 他们喜欢我的想法

思维模式1：与"竞争者"谈判

续表

英国人说了什么	英国人的含义是	被理解的意思是
You must come for dinner… sometime 你一定要偶尔来吃晚餐	Not an invitation, just being polite 不是邀请，纯属礼貌	I will get an invitation soon 我很快会收到邀请
Quite good 很好	A bit disappointing 有点令人失望	Quite good 很好

扼要重述：

* 商业领域与个人关系严格分开
* 工作只是工作，对公司很少有感情上的依恋
* 直呼其名
* 重视短期效益
* 业务第一，控制情绪
* 以渴望取胜来代替对失败的恐惧
* 谋事在人，成事在天

"竞争者"国家（地区）列表	澳大利亚、加拿大、爱尔兰、新西兰、南非（白人）、英国、美国

这个国家集群是以具备典型的"竞争者"思维模式的社会组成的。在下表中，作为该国家集群的代表，我们列出了美国和英国在霍夫斯泰德的国家文化的6维模型中的得分。你可以使用最后一列填写你所在的国家或你自己的分数[1]。

	美国	英国	国家集群特征	你的分数
权力距离	40	35	低	
个人主义	91	89	高	
男性气质	62	66	高	
不确定性规避指数	46	35	低至中等	

---

1 关于如何确定自己的分数可以登录 www.hofstede-insights.com 查看。

续表

	美国	英国	国家集群特征	你的分数
长期性倾向	26	51	低至中等	
放纵与约束	68	69	高	

6.2 与"竞争者"的销售流程的6个步骤

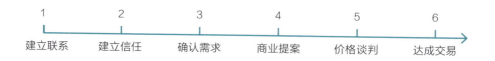

6.2.1 建立联系

一般来说,客户的预期非常直接。"竞争者"社会主张平等主义(低权力距离指数),这确保了即使供应商的产品或服务不被需要,仍能作为个体被尊重。作为一个销售人员,你的工作和任何其他人一样受到尊重。大家都是直呼名字。

英国还有一个特殊之处,就是你可能会惊讶于买方乐于给予卖方很多时间和关注。但是,当尝试与他们联系后,你可能会再次感到惊讶,因为你发现他们根本不对你的产品或服务感兴趣。英国人的礼貌似乎是没有底线的。有很多次,第一次与买方会面后,买方的反应都让我们误以为情况很乐观,并没有理解这实际上只是英国人的礼貌之举,而不是真正对我们的产品感兴趣。因而要注意潜在的时间损失。英国人可能仅仅因为喜欢你而邀请你到酒吧喝酒,但对你的产品毫无兴趣,他只是出于礼貌而已。

与英国人安排会面,一个简单的电话就足够了,如果是对方个人的手机号就更好了。你的开场白对第一印象非常重要,必须清晰、简明扼要,并让对方注意到你所能提供的优势,英国人称此为"电梯游说"。想象一下,你和Facebook的创始人马克·扎克伯克(Marc Zuckerberg)乘坐同一台电梯,你有一分钟的时间与他面对面地交流。你打算说些什么让他有兴趣安排与你会面?——这需要好好准备。

当你的公司在行业内有一定知名度的时候,安排会面相对来说比较容易。然而,

思维模式 1：与"竞争者"谈判

"竞争者"更愿意为初创企业提供机会，因为他们痴迷于"不错过任何机会"。如果你的公司正是初创企业，一定要作出类似"我们目前在市场上还不知名，但这种情况不会持续太久"或"我们与竞争对手相比占有优先地位"的"电梯游说"。

你可能听说过"猎人推销员"与"农场主推销员"这两类销售员。前者非常擅长发掘新客户，但要与新客户建立持久的关系会更加困难。后者则具有相反的特征。毫不奇怪，美国人建立了这两种概念，因为这完全符合其国情，同时，许多欧洲公司也成功地应用了这个概念。无论你是哪种类型的销售员，你在与"竞争者"交易的过程中都会自然地成为一名"猎人销售员"。更具体地说，要成为一个轻松有趣的猎人，在建立关系之初就让人感到放松自在。"竞争者"们会对此非常欣赏。

与"竞争者"交易对于某些人来说可能是困难的，甚至可以说是真正的文化冲击。你可能将在客户面前有所保留视为正常情况，甚至认为更礼貌一些。但对于"竞争者"来说，这样的态度可能会造成很大的误解。你可能会被认为是虚伪的和势利的，因为在"竞争者"看来，这是英国上层阶级有时会采取的虚伪方式。

6.2.2　建立信任

干得好，你已经与客户取得了联系。要注意"竞争者"是平等主义的，不像其他的文化，"客户是上帝"的观念对他们来说并不受用。避免太过礼貌或正式。在进入正题之前，一次简短的"闲聊"可以使双方初步相互理解，也为双方"判断"他们的对手提供了机会。如果你不擅长聊天，只需简单地自嘲一下，"竞争者"们就会很欣赏。对于英国人来说，自嘲是幽默的终极形式。

根据活动的部门、尝试销售的产品或服务，这场竞赛将有所不同。如果你卖一台机器或一种服务，这将是一场简单又直接的竞赛。但如果这个行业属于连锁性质，如分销、IT 或金融行业，这场竞赛更像是建立一种伙伴关系来对抗市场。交易的最终目标不仅在于价格，更在于你和客户未来能够共同获得的市场份额。你需要根据你的行业性质来评估客户。对方是你需要征服的对手还是未来的合作伙伴？

与"竞争者"建立信任的方法是，在沟通和行为中要保持简明清晰和连贯一致。对方感兴趣的是你的工作方式或完成任务的方式。即使你的方式与他完全不同也没关系，对方并不在意，也不需要你迎合他。对"竞争者"来说，重要的是他了解了你的工作方式，这样他就能预见到你的行为。如果你喜欢打网球或高尔夫球，完全可以邀请"竞争者"共同打球，这是另一种你们互相了解彼此行为方式的好机会。

6

谨记一点，"竞争者"文化集群在个人主义维度上的得分很高。找到那个可以在个人层面帮助他的人是驱使"竞争者"的动力。要激励个人主义者，只要让他清楚你能如何帮助他取得更大的成功就可以了。让我们首先绝对明确一点，这里不是在谈论他的一己私利，而是建议你让他清楚地知道通过你，他可以帮助他所属的组织更成功，从而展现他的个人价值并证明他个人上的成功。诸如"如果你采用我们的方案，那么多亏了你，你的公司将会获利……"这样的销售论据，对于向"竞争者"呈现价值主张来说再适合不过了。

在大多数地理位置偏南方的国家，人们在谈话中互相打断是完全可以接受的，这表明你在关注并试图理解对方。但在与"竞争者"的会话中，这是不恰当的。在"竞争者"的礼节中，人们要等待对方完成他的论点或句子。谈话中的停顿，一点点思考，甚至有点犹豫是完全可以接受的，我们保证"竞争者"绝不会因此认为你愚钝。另外，如果你不是以英语为母语的人，不要担心你的外国口音。大多数情况下，口音在这里被认为是可爱的。"竞争者"们，甚至是英国人都不认为自己国家是英文的所有者。只要人们能听懂你的意思，你的英文就是可以接受的。不像其他一些国家的情况，这里的人们不会因为你带口音而嘲笑你。

6.2.3 确认需求

怎样才能确认需求呢？显然，我们要罗列出客户的需求，然后根据需求进行提案。我们首先要根据之前对"竞争者"文化思维的分析，搞清楚此次交易的基本情况。哪些产品是符合要求的？谈判的参与方都有谁？市场上的价格水平如何（作为你能达成交易的参考）？竞争对手都有谁？搞清楚了以上信息，你才能与对方在相同的水平上进行交易。所有这一切都取决于你的活动部门。这会在双方之间形成竞争还是会形成一种伙伴关系？这将由你视情况而作出决定。

直接的沟通方式

现在你可能了解了，这一切都是关于清晰度、精确度以及解决方案的沟通。当你非常清楚你无法满足客户目前的要求时，避免使用"我再考虑下还能做些什么……"这样的话。如果你这么说，"竞争者"会认为这是令人恼火的时间损失。向对方清楚地解释你没有其他方案以及你为何不能做到的原因，这种做法要好很多。你可以向对方推荐更好的替代方案，但要小心不要被视为"说教"。让－埃尔曾经犯

思维模式 1：与"竞争者"谈判

过这种错误，因为他忘记了英国以及"竞争者"国家集群里的其他国家在男性气质方面的分数很高。当你尝试向他们兜售替代的解决方案时，你可能会被认为是傲慢的，因为他们视之为你在命令他们该如何做。

确认需求的过程中还涉及确立双方的沟通风格以及确定双方是否具备潜在的合作关系的可能。客观坦率地表达你的观点，不附带任何感情因素，是我们与"竞争者"谈判时的目标。如果可以的话，适当地运用你的幽默感，因为这有助于你与"竞争者"建立开放又直接的融洽关系。

6.2.4 商业提案

需要注意的是，"竞争者"使用非常明确的归纳法来解决问题。他们发明了"案例学习"和"最佳实践"的概念，确保你不会用严重依赖于解释背景理论的归纳法，"竞争者"会认为这种方法既无趣又不相关。

提案是属于你的时刻，也是你的表演。"竞争者"很欣赏销售员这一职业。你的展示和印象尤为重要。确保利用你所拥有的一切手段去吸引和说服你的对手，这是你需要做的。使尽浑身解数——魅力、幽默感或客户福利（财务上的或其他方面的）。"竞争者"们总是期待打好并享受一场竞赛。

PowerPoint 演示文稿作为今天最为经典的展示工具是由"竞争者"国家发明的，但你可以尽情地发挥想象力并使用其他任何你可以使用的工具。记住"竞争者"想要一场精彩的展示，所以，只要是在务实的解决问题的前提下，你投入越多的精力在演示、视频、现场测试、角色扮演等方面，他们就会更加欣赏这个演讲。在一些文化中，销售人员倾向于低价抛售，太过于推销的行为被认为是不雅的。但对于"竞争者"来说，销售是你的工作，你只是尽力做好分内工作而已。重要的是，你要表现出自信，以激发出对产品的信心。

这在美国是最为极端的，过度推销的行为非常普遍。因为"竞争者"习惯了过度推销的行为，因而对于你的陈述和声明，他们会持折中态度，并作自动的淡化。想象一下，你正在低价销售或平价销售产品，并和以往一样采用完全忠实的陈述和卖点，但是你正在和一家美国公司竞争同一个业务。你的美国竞争对手会过度推销，而"竞争者"客户认为你肯定也会过度推销，这样尽管你的产品可能更优质，但在他们眼里你的产品会显得不如你竞争对手的产品。除非按照美国人的方式去谈判，否则，你不太可能完成交易。

6

关键论点（卖点）

霍夫斯泰德的"竞争者"国家在 6 个维度上的指数会给大家提供绝佳的参考。你要花足够的时间和精力来准备并调整你的论点，并确保你按照论点对于竞争者的重要性的顺序来展示它们。

竞争者偏好：

* 性能
* 声誉和地位
* 个人进步
* 上进心

让我们继续使用新概念高级腕表的示例，这次我们需要将它卖给当地经销商（"竞争者"国家）。你需要关注的卖点是，这种新型腕表具备出色的性能（如精确的计时）；针对高端人群的限量版属性（如比尔·盖茨也订购了一个）；通过销售这款手表，经销商会获得相当大的利润，而且他将成为在该地区的独家经销商。

提案

在上一阶段双方已经讨论了价格，并且不存在任何疑问了。正式的书面提案不是必需的。如果一份 PowerPoint 演示文稿已包含了所有的元素，一份 PDF 的副本就足够了，或者一个包含所有细节的简单电子邮件也完全可以。这取决于你所在公司的企业文化，公司内部对文件的要求可能比客户的要求严格得多。

保持简洁非常重要。尽量提供一次性全额报价。如果你有机会，去汽车经销商那里观察下他们销售汽车的方式。正如我们之前的描述，你会发现一块包含单一价格的大的价格牌立在汽车顶部。还有其他额外费用吗？很有可能这就是"一口价"了，已包含了所有费用。"竞争者"的男性气质属性使他们只想要最好的。基础价加上一整套附加费用的汽车定价方式是很少见的，所以，在你提案的时候尽量不要这么做。

6.2.5 价格谈判

因为价格对"竞争者"来说尤为重要，在确定需求（步骤 3）这一步时，你们往往已经就价格进行了详细讨论。

现在是体现你谈判技巧的时候了，你需要能了解你们可以谈判的报价范围，以及你的最高报价的极限在哪里。一般来说，"竞争者"都是"优秀的运动员"。他们

思维模式 1：与"竞争者"谈判

可以接受这样一个事实：你会尽力控制他们，但是他们也需要得分。言外之意就是，你需要在报价上显示出让步。要确保把这一点融入你的策略中去。

还有，别忘了"竞争者"，尤其是英国人，很有性格魅力。一点放松的时间，都可以成为谈判过程的一部分，比如一起打高尔夫或网球，或者一起到当地酒吧喝喝啤酒。对你们中的一些人来说，这可能很难向你们的机构解释。虽然整个谈判过程就像一场竞赛，但你会发现它也有真正人性化的一面，因为"竞争者"将他的谈判对手作为个体来尊重。

6.2.6 达成交易

当你的方案比你的竞争对手或现有的供应商更好，这时候会发生什么？

毫无疑问，你会赢得这笔交易。正如我们稍后会介绍到的，面对这种现实，其他文化中的买方可能会感到尴尬，因为他们不得不抛弃现有的供应商，以便把业务交给你。这意味着扰乱或结束一段关系。但对于"竞争者"来说不是这样，你赢了就意味着你来接管了，因为"胜者为王"！

你可能对交易结束的正式性而感到惊讶。一般来说，会有一场各方为各自利益辩护的生动谈判。在你就某一点作出让步之后，往往会有片刻的沉默。你的对手会站起来，与你握手并说："我们的协议达成了。"一旦你获得了这种握手协议，接下来的正式文件将需要详细描述交易的各个方面，但协商达成的内容不会再发生任何改变了，握手就表示你们已经达成交易了。这与其他文化有着很大的不同，在许多文化中，谈判后的握手代表一切才刚起步，仅仅是双方意图的声明，意味着许多方面仍然需要谈判，并可能随着时间和环境而改变。

"竞争者"可不是这样。交易就是交易，没有什么能改变这一点。这就是为什么"竞争者"的合同如此详细的原因之一。他们试图预见每一个可能的"如果……"，无论情况如何，达成的协议都可以得到尊重。重要的是要明白，协议即是合作关系——仅此而已。最明显的是在美国，合同越详细和精密，"竞争者"就越感到舒适，对合作关系的信任度也就越大。这与许多文化大不相同，在有些文化中，人际关系和个人的信任是第一位的，合同是次要的和灵活的。

令人欣慰的是，一旦你赢得了交易，便意味着这绝对是最终的结果，协议不会再发生改变。然而，要知道以前的供应商会被替代，作为现任供应商的你，有一天也可能会在没有任何预兆的情况下被踢出局。

6

扼要重述：

* 准备好你的"电梯游说"
* 保持积极性，持之以恒
* 表现得如同你在拜访普通朋友般轻松自然
* 做你自己
* 尽可能地做到简明清晰
* 准备好领会英国人所说的真正含义
* 确保你理解并满足对方的个人需求

	与"竞争者"谈判	
1	建立联系	一通简单的电话就足够了。打电话之前准备好你的"电梯游说"演说 尽量使用个人邮箱，避免使用公共邮箱 尽可能地使用参考资料
2	建立信任	在正式谈论交易之前，先闲聊一会。注意辨别"英国人说的话"，善用幽默并保持放松，这是谈判开始前双方互相评估对手的时刻
3	确认需求	用简明清晰的沟通方式来为合作关系建立坚实的基础。对方想要X，但你可以提供Y，你要说服他Y也许是更好的方案。你倾听对方的需求，并且坦诚地进行讨论，告诉他什么你能做什么你不能做。如果你有尚不清楚的地方或者有深入讨论的需要，要明确地告知对方。不要犹豫讨论你自己的文化背景，并就此谦虚地自嘲，以打消潜在的误解
4	商业提案	这是你的时刻，你的表演。你会因为身为销售员而受到赞赏。方案展示的质量和你给对方的印象很重要 你必须全力以赴，利用你所拥有的一切——福利诱惑、幽默、利润论点：业绩、声誉、个人进步、勇气、信心和价格
5	价格谈判	关乎买方的个人主义——他能得到什么？ 不要犹豫用"多亏了你，你的公司会……而你也会……"，定价是这场竞赛的核心 用握手的方式来完成交易，这是交易达成的有力标志
6	达成交易	当你具备竞争力的时候，交易将很快完成。交易达成后，在你离开之前，对方便会让你知道什么时候能拿到订单。现任供应商已出局了

7. 思维模式2：

与"组织者"谈判

7

关键词：

平等主义、负责人、结构、组织、系统、专长、流程、精确计划、可靠性、质量

7.1 为何我们称之为"组织者"？

他们欣赏秩序、守时和精确的特质，不介意服从命令，看起来似乎等级明确。然而，与一些等级森严的文化相反，他们愿意服从命令不仅仅是因为命令来自上司，而是因为他们知道协调一致的重要性，他们相信上司比自己更有能力。在这里上司往往是某个领域的专家，统揽大局，因此，最有资格成为领导者。

在我们的词汇中，我们将"组织者"定义为非常个人主义，无视等级制度，高度自我激励，非常不适应不确定性，注重中长期计划。由于德国是典型的"组织者"国家，本章将以德国为例展开。

在我们具体探讨如何与"组织者"谈判之前，我们先来了解下组织者思维方式的几条原则。

7.1.1 "组织者"非常注重流程

"组织者"的思维方式是以高度"演绎"的方式运作的，因此，他们有一种强烈的探索欲望，想要了解事物能够起作用的根源，以及为何这样的方案"更好"或"更便宜"。

对此你可能会觉得很难应付，但讲究流程、循序渐进的做事方法在他们的社会中是无所不在的。"组织者"需要有一个框架来做事情——来保证确定性、控制性、仪式性和程序性。你会发现，对于每一个变化，组织者都有程序来说明如何进行更改，也可以说是用程序来改变程序……

试图抵制这种思维是没有意义的，你需要熟悉、理解并适应这个现实。如果你尝试成为第一个为"组织者"的需求提供方案的销售方，那么你的方案将成为他们以后的参考。而且极有可能，在接下来的很长时间里，你都会是他们的供应商。我们稍后会进一步讨论这个问题，但我们首先建议咨询一下对方有关他们的组织情况、决策过程以及最终决策者。特别重要的是，找出是否有专家参与，因为他们很可能

思维模式 2：与"组织者"谈判

是隐藏的决策者。对方会赞赏你试图去了解他们的公司，但更重要的是，这对于你的销售工作将有极大的帮助，避免损失时间或产生误解。你甚至可以建议对某个过程或多个过程进行一些小调整，这往往很容易被采纳，这也是与"组织者"谈判的一个特殊的方面。你需要从谈判的实际过程着手，决定采取哪种程序开展工作，因为这对他们非常重要。一旦程序达成一致，你需要按部就班地遵循它，其中的细节可能会很令人苦恼，所以，请准备好。你协商的程序越顺利，并越严格地遵循它，你就会获得更多的信任。

7.1.2 对组织的认知

当你要求"组织者"选出一个最能代表他的组织的形象时，他通常会将其描述为一组相互作用的齿轮。每个员工，组织里的每个成员，都把自己视作一个单独的齿轮并完全理解他需要适应组织结构并与组织中的其他齿轮协同工作。每位"组织者"都对整个组织有一个合理的概观，从而每个组织成员都能做到各司其职。这一概念非常重要，因为它指导着大多数"组织者"的行为和行动。

7.1.3 功能性等级制度

诸如"先生"或"夫人"之类的称呼，或像"博士""教授"这样的头衔，根深蒂固地存在于"组织者"的日常交流中。由于这种形式主义，许多非"组织者"相信"组织者"社会具有明显的等级制度。很容易理解为什么人们会这样看，但头衔的使用实际上只是对专业知识的认同和尊重，而不是对等级制度的承认。"组织者"社会倾向于以功能性等级制度运作，即一个人之所以成为某个职位的主管，是因为他作为备受敬仰的专家资格。人们受到敬重是因为他们的专长，而不是因为他们的头衔。

7.1.4 规避不确定性

"组织者"对问题的分析和每一种解决方案的利弊都非常公开和透明。你的解决方案将在公开场合被分析和讨论，对方期待你能在讨论中发挥积极作用。如果你就每个方法的优缺点、特征的分析与客户积极互动，就会让你的印象大大加分。最重

7

要的是,这会是一场公正的技术讨论,不掺杂任何情感和情绪。对于那些有拉丁语背景的人来说,这可能极具挑战性,他们可能会对谈论自身薄弱点的要求感到特别不舒服。尽管看起来很奇怪,但开诚布公地谈论你的方案与竞争对手相比的弱点,实际上有助于你获得信任。"组织者"视专业知识高于一切,所以,你越客观,所了解的知识越多,他就越信任并依赖你的意见,并希望能成功地与你完成谈判。

7.1.5 做最好的

对"组织者"来说,第二永远不够好。如果你是谈判中最优秀的,拥有最优秀的技术或者最高效的流程,你就手握一把好牌。"组织者"对卓越的无限追求,使得他们对待"平庸"几乎没有耐心。众多"组织者"社会中的公司在他们的领域中都处于世界领先地位。

7.1.6 今天的投入是为了美好的明天

"组织者"通常着眼于长远。短期表现虽然重要,但他们会毫不犹豫地进行长远投入,以确保未来的业绩和组织的长远发展。

> **个人逸事**
>
> 当马克从事包装行业时,他的德国客户总是第一个对新技术进行重大投资以降低包装重量和能耗,并提高生产效率。他们的目标和原则是在长远意义上拥有最低的总拥有成本(total cost of ownerswip,TCO),并愿意为实现这一目标付出大量的资本支出。这种做法与其他大多数客户的做法有显著的不同,因为对于其他客户而言,节约资本支出比长期拥有最低的 TCO 更为重要。德国人对这种最低 TCO 的追求,导致了其对技术精益求精的发展,迅速推动许多德国公司进入世界领先地位。

扼要重述:
* 一切都关乎结构和流程
* 公开透明非常重要

思维模式 2：与"组织者"谈判

* 头衔是对专业知识的认可，而不是对等级的认同
* 可靠性非常重要
* 卓越是一种美德，仅仅是"很好"还不足够
* 着眼长远

"组织者"国家（地区）列表	奥地利、捷克共和国、德国、匈牙利、以色列、卢森堡和瑞士（德语区）

此国家集群由具备典型的"组织者"思维模式的社会组成。以下表格列出德国和卢森堡在霍夫斯泰德 6 维模型中的分数，因为这两个国家在集群中最具代表性。你可以在最后一栏添加你自己的或你祖国的分数。

	德国	卢森堡	国家集群特征	你的指数
权力距离	35	40	低	
个人主义	67	60	高	
男性气质	66	50	中等到高	
不确定性规避	65	70	高	
长期性倾向	83	64	高	
放纵与享受	40	56	低到中等	

7.2 与"组织者"谈判的 6 个步骤

7.2.1 建立联系

你可能会感到惊喜，因为与"组织者"建立联系相对容易。但建立联系的方式可能与你习惯的方式不同。我们建议发送一封带有简短介绍的电子邮件，告知对方你打算在未来几天内给他电话，或者（甚至更好）询问对方打电话的最佳时间。这看起来已经像一套流程了是不是？你也可以简单地让某个对你满意的客户把你介绍给他的同事。你会惊讶地发现"组织者"竞争对手之间的谈话有多么地开诚布公，

7

他们会向彼此推荐自己的供应商。在这种文化中，有许多专业协会，如采购、牙医、酿酒师——你所能想到的任何职业的协会都可能存在。在大多数业务领域，这些协会都是业务发展非常重要的载体。特别是，如果你是你所在领域的领袖和专家，通过协会来建立你和你公司的专业形象往往成效显著。

7.2.2　建立信任

"组织者"相当重视礼节。开会时的穿着一定要正式得体，尤其是第一次会面的时候。在"组织者"社会中，身份（功能性的）被高度看重，所以，要对像汽车这样的身份象征加以注意。如果发现你的潜在顾客正盯着窗外，试图查看你开的是哪种车，不要惊讶。例如，在法国，作为一名销售员，不论你在公司的地位如何，乘坐小型汽车参加会面都是合适的。在德国，我们建议即使是初级销售人员，也要乘坐中等尺寸的德国制造汽车出席谈判。无论是谁，乘坐小型汽车通常都会被认为是太过初级。如果你是一位高级经理，我们认为高端汽车是明智之选，最好也是德国制造。守时对"组织者"而言至关重要。如果你下午 2 点有会议，一定要在下午 1∶45 左右就来到客户公司门口，这样，如果需要登记或需要被引领到会议室，你的时间都是充裕的，会议将在下午 2 点准时开始。无论由于何种原因导致你将要迟到，即使是 5 分钟，请提前打电话通知对方。即使是稍稍迟到，也会被认为是极其不礼貌的，因为他们会认为你浪费了他们的宝贵时间，会议也将以一种消极的气氛开始。

一旦会议开始，你需要表现得非常正式。要用正式头衔和姓氏称呼对方。如果他的名片带有 Dr.Dr. 即双博士的字样，这并不是笔误，只是意味着他获得了两个博士学位。你应该称呼他为 Dr.Dr.。在谈话中多次使用某人的头衔是明智的，因为这意味着你尊重和认可对方。

即使双方历经了几十年的商业伙伴关系，他们之间直呼其名的情况也并不常见。一起共事的同事们之间，相互的称呼也是正式的头衔和姓氏。这也是职业生活和私人生活之间分隔的佐证。对于"组织者"来说，这是两个完全独立的世界，商业环境下完全无法容忍谈论私人生活。谈论私人生活或闲聊以打破沉默完全不合适。与业务相关的话题，如你的从业时间或者你的资质是什么，才是重要的。

以正式和专业的方式介绍你的公司。专业的 PowerPoint 演示文稿和个性化的客户标志会很受欢迎；插入一些与他们公司相关的事物，这样你就可以证明你

思维模式 2：与"组织者"谈判

对他们的业务有充分的准备和了解。这将被视为尊重的体现，将有助于与客户建立信任。

7.2.3　确认需求

你会很快意识到"组织者"十分清楚他们想要什么和不想要什么。不管你是否给市场带来新的东西，或者你是否想争夺竞争对手的业务，都不要对程序和流程掉以轻心。现在是开始讨论这方面的时候了。

询问以下的问题：

* 您将如何作出选择？
* 标准是什么？
* 谁将参与决策过程？
* 您目前的供应商会有什么反应？
* 当被要求更换新供应商时，不同部门（销售、后勤、生产）的反应是什么？
* 预计的流程时间多长？

在这里，你将就决定交易成败的因素进行谈判，并为成功或失败奠定基础。谈判的结果将是一套预先确定的标准，如果你达到了标准，这将保证你赢得这项业务。在理想情况下，这套标准会类似这样："如果我们能供应性能为 XYZ 的产品，并经由您的质量保证部门及产品经理批准后投入市场，如果最终的市场测试显示出高于 7 成的支持率，您将同意于明年 1 月 1 日开始，每年以价格 Y 购买 X 数量的我们的产品。"

如果你对以上的方式感到陌生，我们诚邀你去尝试一下，你会发现对方会很高兴地能以这种方式与你合作。用心去做这一步，你离成功也就不远了。

最后，不要忘记坦诚地与客户讨论他的需求以及你的解决方案的特点（优点和缺点）。客户会以同样的坦诚来回应你，并与你讨论你的竞争对手的产品的优缺点，这将使你更好地理解客户的需求，提高你对市场的了解。

7.2.4　商业提案

到目前为止，如果你对上一步中的所有内容都已经非常清晰了，你只需要遵循已经同意的程序和流程就可以了。一旦你习惯了这种工作方式，你就会开始理解这种方法是多么有用和高效。

7

关键论点（卖点）

同样，霍夫斯泰德的国家指数将引导我们选择相应的论点。你要花足够的时间和精力来准备和调整你的论点，并确保你按照它们对客户的重要性的顺序来表述它们。

"组织者"的偏好：

* 专业性
* 可靠性
* 清晰性和可预测性
* 身份地位

继续举腕表的例子，你需要依靠如下卖点：腕表的设计和制造工艺（可邀请客户参观制造工厂），非凡的计时精度，终身保修制度，以及限量版带来的身份象征，比尔·盖茨也是买家之一等。

提案

毫无疑问，组织者希望价格能在方案中呈现出来。上一步将对你起到指导作用，通常你需要提供一个基本的报价，并附带一份补充报价，一份单独定价的选项和折扣都仔细阐明的整洁小文件。之前汽车报价的案例，在这里，一辆汽车的价格会在展厅展示，汽车的定价包括基础价格和一列很长的附加价格选项列表，这些附加选项甚至可以使汽车的最终价格增加一倍。

7.2.5 价格谈判

个人逸事

一家重要的经销商联系了让-皮埃尔，由于其日常供应出了问题，他们试图更换目前的供应商。在会议上，经销商向让-皮埃尔说明他的年度需求以及他所期望的价格水平。他们就需要遵循的流程达成了一致：抽样、比较测试及客户现场测试。就这么简单！

让-皮埃尔回到家后，对此感到非常乐观，因为他确信他能轻而易举地达到所有标准。他记得他当时认为这将是一笔不错的交易。

让-皮埃尔认真遵循着商定的程序，但由于在他的文化中故意

思维模式 2：与"组织者"谈判

提高报价是很正常的，这致使他在报价上犯了致命的错误。一切都进行得很顺利，直到在第二次的会议上，他的报价比客户要求的价格高出 12%。让－彼埃尔觉得他给自己的报价作了很好的辩护，解释了原材料成本、制造成本等因素，从而给出了他不能提供对方所要求的价格的原因。客户则对此不做任何让步，又经过了三论谈判，让－皮埃尔终于默许了客户要求的价格，他因此认为交易就要达成了。他完全错了！

客户后来表示，他不可能与让－皮埃尔的公司合作，因为他无法信任他们。让－皮埃尔对这一声明感到非常惊讶，并请求客户解释原因。"嗯，"他说，"你说你的成本状况不能满足我所需要的价格，我相信你。抛开这个问题不管，你将报价调低到低于成本仅仅是为了能和我们成交。这种状况下过不了多久，很快你就会要求我提价的。我根本无法承担与你做生意的风险，因为你没有保证你的成本。"让－皮埃尔没有得到这笔订单，他相信他对客户文化思维的盲区是问题的核心。

让－皮埃尔能做得更好吗？与其继续基于成本捍卫自己的报价，并随后降低报价以显示他们最终找到了"合适的价格"作为一种"商业姿态"，让－皮埃尔相信他本来可以回到客户那里重新解释，由于本次交易对于他及公司十分重要，公司更新了他们的内部流程以降低成本，从而能够满足客户所需要的价格水平。这么做非但不会损害信任关系反而会加强信任关系。

7.2.6 达成成交

只要遵循最初的协议流程，你将顺利地按最初的协议收到订单，不会再有更改。合同通常会是一页简明的文档，将基本价格和绩效协议概述出来。被替换掉的供应商会怎样？作为流程的一部分，这个问题将被提前处理。我们遇到过买方不愿终止与现任供应商（战略供应商）的关系的情况，但该情况一般都会在流程中就被处理掉。如果你对客户更换现任供应商的情况持有疑虑，你可以主动向客户提出将其纳入流程，以确保问题得以提早解决。对方甚至会欣赏这种做法，因为这显示了你对细节与流程的重视。

7

扼要重述：

* 谈判并就合作关系的流程达成一致
* 公开分析优势与弱势
* 尽可能地消除不确定性
* 保持清晰透明
* 遵循事先商定的程序，并确保不偏离它
* 发挥专家效应

		与"组织者"谈判
1	建立联系	一通简单的电话就足够了。相关的头衔、良好的资格或名誉会有帮助
2	建立信任	不要闲聊。对方希望你能马上进入业务状态。确保你向对方传达了你和/或你的公司是行业内专家并有良好的可查信用记录的事实
3	确认需求	首先确定对方需要你遵循的交易流程 如果有需要，首先就交易流程进行协商，以确保你能够严格地遵守流程 通过询问一系列问题，来确保你理解了对方的交易流程以及他们的需求 然后遵循议定的流程，直至最后的细节
4	商业提案	如果第2步和第3步被合理执行，第4步往往只是一种形式 使用强调性能、可靠性和专业知识的论点
5	价格谈判	经过周密计算，仔细筛选你的目标价格
6	达成交易	如果你需要重新协商价格，意味着你将重新协商整个流程 不要在成本结构（如质量、服务、制造过程）不变的情况下改变价格

8.

思维模式3:

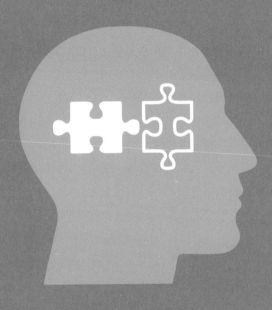

与"联结者"
谈判

8

关键词：

共识、生活质量、平等主义、为享受生活而工作、社会公平、创新、网络、直接交流、双赢方案

8.1 为何我们称之为"联结者"？

这个群体的特征为：个人主义者；不受等级制度的影响；非常注重平等，同龄人间联系紧密；渴望建立共识；对不确定性相当适应；显著的长期性倾向。他们同情失败者，往往对胜利者持怀疑态度。总之，生活质量对他们来说非常重要，因此，驱使他们的一些价值观与"竞争者"的价值观恰恰相反。他们建立了高度相互联系的人际网络，并不断寻求共识。

在我们进一步深入了解有关与"联结者"谈判的细节之前，以下是几项指导这种思维模式的原则。

8.1.1 寻求平衡和共识

"联结者"致力于创建一种双赢的伙伴关系。如果你来自一个获得胜利（或击败对手）最为重要的竞争性社会，这种共赢的概念一定非常奇怪。对于"联结者"来说，真正的目标是获得合作伙伴而不是供应商。只要他们确信你持有与其相同的行事理念，即使是在困难时期，他们也会继续忠于原本的合作关系。

非常重要的一点是，不要将共识和双赢的概念与妥协的概念混淆。

妥协通常是一种权宜的、双方都能接受的解决办法，它只是部分地满足双方的利益。没有赢家或输家，但它通常会引起有关各方的不满。一般来说，妥协是可以接受的短期解决方案。

共识和双赢的寻求，需要双方的共同努力，找到一个最能满足每一方的需要和关切的解决办法。这个过程需要更多的时间和精力，双方需要建立共识而非达成妥协。因此，协同一致比妥协更利于长期的关系。

思维模式 3：与"联结者"谈判

8.1.2 群体形象

当你要求"联结者"选择一个最能代表他们社会的形象时，大部分都会选择一个代表人际关系良好的网络形象。在这种文化模式中，没有特定的等级制度，人人都是平等的。

8.1.3 市场价格

没有其他文化集群会像"联结者"这般乐于谈论市场价格。协商一致的需求是由所有顾客（市场）一致接受的市场价格来表达的。这里的市场价格往往定价明确并且众人皆知。在每一个市场中，不同的细分市场都是明确清晰的，因为在这里每个人都使用相同的游戏规则，你的产品也必须适应其中的某一项。每个重要的供应商都有其相应的分销渠道。每个经销商都遵循相同的市场细分规则，因而市场价格是明确的。这听起来好像我们在谈论企业联盟了，但我们向你们保证，情况并非如此。对此有利的一面是：一旦你获得某个商机，你的合作伙伴将帮助你捍卫它。

个人逸事

让-皮埃尔说，他永远不会忘记一位重要客户在听到他宣布降价时的反应。客户的反应是："绝对不要降价，它会破坏整个市场的。"在任何其他文化中，你绝不会得到这样的反应。不过，很明显，当你的业务是以多级销售模式运作时，这种情况就不同了，如固定设备、机器、建筑物等。

8.1.4 公司的声誉和规模

与许多文化相反，在这里，你公司的声誉（除非是坏名声）、客户名单和公司规模并不那么重要。

通常情况下，"小而精"、富有创新性的初创公司是非常受欢迎的。"联结者"社会往往充斥着创意和新产品，并随时准备尝试这些创意和新产品，以此开拓新市场。

8

扼要重述：

* 准备好一场平衡双方利益的双赢谈判
* 保持低调：避免乘坐豪华汽车会见客户，穿着简单而专业，避免浮夸
* 要注意任何特定部门内大家可能相互熟知

"联结者"国家（地区）列表	丹麦、爱沙尼亚、芬兰、冰岛、拉脱维亚、立陶宛、荷兰、挪威、瑞典

这个国家集群以"联结者"社会为代表。下表列出了荷兰和挪威的分数，因为它们是这一组国家集群的代表。你可以在最后一栏中增加你自己的分数或你祖国的分数。

	荷兰	挪威	国家集群特征	你的指数
权力距离	35	31	低	
个人主义	80	69	高	
男性气质	14	8	很低	
不确定性规避	53	50	中等	
长期性倾向	67	35	低到中高	
放纵与约束	68	55	中高	

8.2 与"联结者"销售的 6 个步骤

8.2.1 建立联系

"联结者"相当平等，但也相当封闭。如果你不是他们人际关系网中的一员，你需要想办法让他们接受你。这是完全可行的，但需要花一些时间和精力。如果一通电话不能获得你想要的会面，想想为什么会这样。对方是否知道你在他的人脉中已被认识（或不被认识）？或者他担心你会对现有的供应商构成威胁？不要放弃，可以请求对方仅为了更好地了解彼此的会面。我们将要提出的建议在许多文化中是完全

思维模式 3：与"联结者"谈判

不能接受的，例如，打电话给一个潜在客户并说："我下周会在您所在的地区附近，不知道您是否方便过来喝杯咖啡，简单地聊一会天，认识下彼此？"在荷兰，这是完全行得通的。"联结者"认识你后会很快对你直呼其名，并变得更加亲近。但切换到这一步的时候要小心，尤其是与比你年长的人相处时，先询问他们是否可以这样做，或者最好等到他们自己提出来这样做。尝试了解正式和非正式之间的微妙平衡。

8.2.2 建立信任

如果你对于"联结者"来说是陌生人，你可能会惊讶地发现他已经查阅了你的 LinkedIn（领英）简介和你公司的网站，并在他的人脉中询问了你的相关情况。如果你所在的公司有一定的知名度，你可能需要解释为什么没有早点与他见面（准备好一个相关的故事）。不管怎样，你要提前做足准备。通过电话、电子邮件或访问频繁地接触，将建立你们的关系。一起喝咖啡聊天对于建立信任十分重要。娱乐生活对于"联结者"来说不可或缺。

几个例子

对于家居装饰，荷兰人往往毫不吝啬、一掷千金，确保家里舒适漂亮，并且很喜欢用咖啡和蛋糕来招待客人。

喜力（Heineken）在阿姆斯特丹总公司有一个传统，就是在周五下午提供免费饮料和小吃，作为对员工一周的辛苦工作的回馈。如果你刚好也在场，你会被邀请加入聚会当中。这种做法的目的是在轻松的气氛中加强不同人群之间的联系。

在几个北欧国家中，经常性地与同事或商业伙伴一起洗桑拿很稀松平常。轻松的氛围加强了公司内外强大的人际网络的发展。

"联结者"常常更清楚不同文化之间的差异。他们可能比你更清楚。就算与一个商业伙伴一起出去吃午餐在这里很少见，但如果在你的文化背景下这是正常的，"联结者"会意识到这一点并欣然接受你的邀请。

个人逸事

马克设法获得了一次在丹麦的很有前景的会面（我们就叫对方为奥拉夫吧），他们约定上午 10 点见面。

8

正如墨菲定律的论断,马克的航班晚了两个小时,直到午餐时间才到达丹麦。马克提前给客户打了电话,建议一起吃午饭,然后再讨论,并让奥拉夫选择餐馆。当马克到达办公室后,他们立即去了奥拉夫选择的餐馆。等他们到了那里,餐厅却关门了。奥拉夫带着马克去了另外一家餐厅,结果也关门了。奥拉夫带着歉意解释说,在这里工作日外出午餐的情况不多,大部分餐馆实际上都不营业。最后,他们去了该地区的一家大酒店,并希望他们的餐厅能营业。幸运的是,餐厅开着但他们是唯一的客人。他们吃了一顿很好的午餐,奥拉夫解释说,他能理解马克的午餐邀请,虽然这对他来说很不寻常,因为他曾为法国达能集团工作过一段时间,所以,他很清楚马克的文化模式。事实上,他非常感谢马克的邀请,这也为他们之间坚实的伙伴关系打下基础。同时,马克也领悟到,在这里不能想当然地发出午餐邀请,可能需要更为谨慎,并不是每个人都能像奥拉夫那样会接受这样的邀请。

8.2.3 确认需求

你的对手会毫不犹豫地解释自己公司的优势和劣势,以及它的市场地位、目标和期望。这样的对话可能会让一些非"组织者"文化的人感到非常惊讶。对于你他期望获得对等的信息,甚至会想知道你的机密信息或你无权透露的信息。谈判中常常会出现话术"这是在此定价下我想要的",或者更常出现话术"给我几个我们两家公司应该进行合作的合理理由"。通常,会议会持续很长的时间,但要有信心——这绝对值得。

确认需求可能是寻求双赢中最关键的一步。双方都希望彼此正好可以弥补另一方的缺失,这是高度成功的伙伴关系的基础。通常以市场为导向,"联结者"往往见多识广,并会引导你进行对话,这需要你投入一定的时间和精力。客户要求在物流、生产甚至销售的专家团队面前进行提案展示的情况并不罕见,这样大家就可以一起讨论。最终目标始终是寻求一种长期的、双赢的关系。

交换信息;细节讨论;建立亲密的关系;一起喝啤酒;在讨论项目时绕着街区散步(天气很好,浪费可惜)——所有这些都是关系的基石,有助于确定共同的需求,使你们团结在一个强有力的伙伴关系中。

思维模式 3：与"联结者"谈判

8.2.4 方案展示

你的方案展示是否需要正式一些，要根据对方的情况估量。无论情况如何，我们建议正式一些。在理想情况下，你可以带上一两个从事物流、营销或研发的同事陪同，这样，双方的同行可以相互了解，对方也会对此非常赞赏。

确保你的展示简单而真实，避免过度销售。需要注意的是，"联结者"的世界在很多方面与"竞争者"的高度男性气质的世界是相反的。过度销售是"竞争者"的行事方式，在这里被视为既是可笑的又是可恶的。在荷兰有一句俗语："Doe maar gewoon, dat is al gek genoeg"，大致翻译为："不偏不倚，就已经够疯狂了。"这清楚地表明了他们对吹嘘的厌恶。

在提案中避免加入太多的附加条件和折扣，除非对方明确要求这样做。让我们再次使用汽车销售的例子。在这里，一般来说，你会发现一个简单明了的全部定价，但有几种可以通过移除一个或多个选项的方法来降低价格。"联结者"往往对价格很敏感，建议要有一定的降价空间。

关键论点（卖点）

霍夫斯泰德指数将再次引导我们在论点上的选择。你需要投入足够的时间和精力来分析和调整你的论点，并以满足"联结者"特性和需求的顺序将它们呈现出来。

"联结者"的典型偏好：
* 合作和协商一致
* 创新、主动和冒险
* 道德行为和社会责任
* 生活质量

再次使用腕表的例子。对于"联结者"，你需要使用的论点为：设计的创新性；"绿色工厂"生产并使用环保的制造工艺；在该地区的独家经营权。

8.2.5 价格谈判

通常，在确认需求这一步的时候，你们已经就价格讨论过了。对方可能已经明确了价格需求，所以，现在已经没有多少谈判余地了。你或许还可以提出奖金制度

8

或其他的方式来帮助平衡你的利益,也就只有这些了。

不过,还有最后一个惊喜等着你。

8.2.6 达成交易

到目前为止,你已经了解到"联结者"与他们的供应商有着紧密的伙伴关系。如果你想要替换对方现有的供应商,客户很可能会期望你的理解,因为他需要合理对待现有的供应商。这可能意味着,"联结者"会将你的情况告知他们当前的供应商,并有可能与其结成联盟。换言之,目前的供应商享有优先权,会得到机会去满足新的竞争条件。这不一定会在他们的合同中写明,但对于"联结者"而言,这是属于双赢关系中的正常情况,尽管对于你来说可能他们结束合作的过程冗长、繁杂。

作为新的供应商,最好具备现有供应商无法提供的独特产品或价值。这将大大增加你成功的机会。一旦你与"联结者"达成合作,你也会获得这种稳固的合作关系带来的益处,你也将很难被其他供应商替代。

扼要重述:

* 规划足够的时间与对方建立一种稳固的伙伴关系
* 伙伴关系既存在于个人之间也存在于公司之间
* 保持真实,大部分"联结者"会理解文化差异,但要准备好调整你的谈判风格
* 保持创新性,投入时间寻求双赢
* 与对方的整个团队保持沟通

思维模式 3：与"联结者"谈判

		与"联结者"谈判
1	建立联系	一个简单的电话就足够了 坚持不懈
2	建立信任	最初很难达到，"联结者"是非常平等主义的 做你自己，而不是你公司的代表 保持真实性 信任将随着时间慢慢建立起来
3	确认需求	多询问客户一些问题，客户非常清楚自己的需求。你可以从讨论需求入手来打开话题 交谈、讨论和交换大量信息
4	商业提案	"联结者"会协助你以一种他们想要的方式来展示方案 不需要最后一分钟的"回旋余地"——你的提案应该反映出最终价格
5	价格谈判	通常，你的报价需要与市场价格一致 特殊的条件可能是成功的关键
6	达成交易	如果客户与现有供应商的关系紧密，你的报价也会报给现有的供应商，而现有供应商可以调整他的报价以维护他的业务。这是"联结者"与他的合作伙伴保持公平的方式。记住，一旦你成为他们的供应商，你也会获得这种保护

9.
思维模式 4：

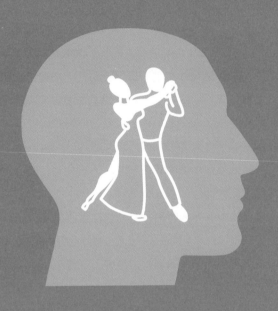

与"外交官"谈判

9

关键词:

负责人、等级制度、哲学、逻辑、结构、有意义、平衡、尊重、礼仪、高雅、实用主义、长期倾向、严肃、有竞争力的

9.1 为何我们称之为"外交官"?

"外交官"的特征为:高度个人主义,高度尊重等级制度,规避公开冲突,不适应不确定性。荣誉感是外交官的重要驱动力。法国和比利时是典型的"外交官"思维。对这个群体来说,理解他们的关键首先要认识到他们不是那么容易被理解的。一方面,他们非常个人主义;另一方面,他们的组织中存在很强的等级制度。乍看起来,这两者似乎难以调和,但一旦你明白他们对不确定性的极度厌恶,就更容易理解他们为什么存在高度的等级制度。一般来说,他们也不喜欢公开冲突,更喜欢对事情有所"安排"。

我们选择法国作为参照国,因为它在全世界比比利时更为人熟知。我们确信你在脑海中已经有了一个典型的法国人形象。接下来你将要读到的内容或许会强化这种形象,或许也会给你新的认识。至少,这将有助于你更好地了解他们谈判风格的基本原理。

在深入分析之前,先来了解一下"外交官"思维的几个要点。

9.1.1 组织与权威洞察

在"外交官"思维模式文化中,几乎每一个组织都是一个层次分明的金字塔。没有上司的批准,事情不会有任何进展。虽然马克在比利时长大,但是他的父母时常在他面前引用佛兰德的谚语:"De baas is de baas al is het een mannetje van stro",意思是:"上司就是上司,就算他是个稻草人。"对于权威的态度由此可见一斑。

这似乎与高度个人主义的特征不相符。事实上,它也反过来解释了"外交官"与权威永无休止的冲突关系。一方面,是对权威明显的尊重和需要;另一方面,他们又具备强烈的个人主义倾向。这就是在法国会有这么多工人罢工现象的深层

思维模式 4：与"外交官"谈判

原因（因为他们的文化思维不允许他们直接违背上司的决策，只有通过罢工的方式逼迫上司作出他们想要的决策）。个人和同僚间相处的方式与和上司相处的方式截然不同。

9.1.2 对语言艺术的热爱

"外交官"文化思维与其他文化的不同之处在于其坚信语言不仅仅是一种交流工具。

"外交官"热爱雄辩，并因此而著称，这是他们文化的一个重要组成部分。在其他一些文化中，信息表面传达的内容就是最重要的（例如对"竞争者"来说），对于其他文化，人们需要能够"察言观色"，需要仔细分析肢体语言和隐含的内容。但对于法国人来说，信息的语言包装和信息的内容同等重要。

9.1.3 演绎推理法

"外交官"为自己的演绎推理思维和包罗万象的能力而自豪。"外交官"建立论点或解释某种事物的方式是先从大的格局着手，然后慢慢地缩小到当前关注的话题。

举一个更为具体的例子，当他需要解释海洋潮汐背后的机制时，他会先从宇宙的法则入手，然后是银河系，再然后是太阳系，最后是月亮的影响，确保每一步到下一步都有逻辑可循。

这意味着专家在这里会受到高度重视，专业性或学术头衔的意义重大。外行人的论证对"竞争者"来说是完全可以接受的，但对"外交官"来说对比专家或学者的意见价值就要小得多。

9.1.4 追求高雅

"外交官"在他的行为、语言、发展体系以及周围的事物中对高雅和美丽有着永恒的追求。对那些精通法语的人来说，你知道这种语言是多么华丽，尤其是书面形式。法国人对他们"莫里哀"式语言非常自豪。他们认为自己是语言的主人。事实上，他们建立了法语学院，其唯一目的是捍卫法语的正统性，以保证其优雅

9

的特质。

　　对高雅的追求也导致人们对行为举止及衣着风范的高标准。法国人在国外的时候，不仅仅代表他自己或他的公司，他也代表法国的生活方式、法国的风格和法国的高雅。法国人是现代外交的发明者，几百年来一直在实践它。这是一种旨在建立亲密关系、规范行为方式、协调各方利益、实现共同目标的艺术。在巴黎为期三周的联合国气候峰会期间，一共获得了195个国家签署《巴黎协定》。这是史诗般的成就，也是法国外交艺术的见证。

9.1.5　对不确定性的恐惧

　　比利时人在"不确定性规避"维度上的指数非常高，作为比利时人的马克花了很长一段时间才真正意识到这一点。在移居英国后，他发现生活中许多方面的显著差异。在这里我们举一个商业以外的例子，但可以很好地说明这一点。

> **个人逸事**
>
>
>
> 比利时的教育制度是，直到学生进入大学前，一切都是事先安排好的。你的日程被安排得清楚明了，你只需遵照日程来就可以了。大多数课程都是在同一个教室里进行的，只有在需要实验室的特殊课题时学生才会离开教室去实验室。直到上了大学，你才可以管理自己的日程。即便如此，学生的每一项活动仍被仔细地整合到一个大的时间表里，以确保时间上没有任何冲突。在马克的女儿十岁时，马克和家人搬到英国，他的女儿上了一所小型寄宿学校。他惊讶地发现每个课程都有自己的教室，音乐课和科学课之间有很多排课冲突，时间表总是在变化，孩子们需要自己应对这样的问题，随时随地按时上课。他的女儿常常为了能上另一个课程而不得不放弃掉当前的半节课。她需要学会自主地规划日程，衡量轻重缓急，并在业余时间补上错过的课程。马克好不容易才理解了在英国这是"正常"的事实。英国人并不认为每一个细节都需要仔细控制和安排，并有信心一切都会得到解决。正是这一经历，才真正使马克明白他实际上是来自一个比其他社会更加不适应不确定性的社会。

思维模式 4：与"外交官"谈判

9.1.6 法国人的傲慢

许多谈判代表抱怨法国人在与外国人互动时流露的"优越感"，作为一个法语系的比利时人，让－皮埃尔感到有必要就这一话题进行详细说明。处于这种文化下的人们，"傲慢"是一种无意的表现而非有意为之。作为拉丁后裔，他们自认为是拉丁－希腊文化和神话的直接守护者。他们将其视为西方文明的基石，认为它奠定了西方的逻辑思维、哲学艺术和许多自然法则的基础。

在拉丁文化中，神话对现代人的教育至关重要。在希腊和拉丁神话中，神会惩罚每一个背离规则的人，因为这样会危及宇宙秩序。法国的教育一直保持着非常传统的状态，因为它的主要目标是教授"逻辑艺术"和"哲学艺术"。在十八岁时，每一个年轻的法国人都必须参加被称为"Le BCA"的标准考试，而第一部分就是"哲学测试"，这说明了哲学在法国社会中的重要性，甚至经济、科学和技术等议题也是从哲学角度探讨的。以下是"Le BCA"考试中真实的测试：

文学："尊重生命的每一种生命形式是一种道德要求吗？"

经济："一个人的良知难道不是他所处社会的反映吗？"

科学："政治是否需要坚持'真理'的原则？"

技术："文化是否能定义一个人？"

由于法国人使用演绎的方式来思考问题（如从宇宙真理到实际问题），所以，他们认为相反的归纳推理方式（例如，通过不断实践探索出最佳方案来解决实际问题）过于简单化。

法国的教育给法国人灌输了一种他们能理解"更高的真理"的意识，尽管其他国家的人对此完全无视。这是这种"傲慢"的根源，希望通过意识到这一点，你可以享受与法国人有趣的哲学对话，而不会因他们的"傲慢"感到愤怒。

9.1.7 "大反转"

"外交官"有一种"简单"的方法，即在尊重规则和忽视规则的必要性之间，在尊重等级制度和个人主义的需求之间进行明智的转换。他们可以实现这种"大反转"而不至于有失颜面。

9

9.1.8 务实主义

经过漫长的介绍过程，诸多反复，以及关于如何正确开拓市场的隐晦冗长的哲学讨论后，你可能会惊讶地发现对方会突然转移到定价、投资、回报率这样的实际话题上来。许多先前讨论过的挑战会因现实生活而变得无足轻重，这是外交官务实的一面。

扼要重述：

* 你的谈判对手可能无权作出决策
* 他们赞赏雄辩和富有感情的词汇
* 相比最佳实践，大原则和哲学更重要
* 解决方案应该是高雅的
* 规则无所不在
* 务实主义

国家（地区）列表	比利时、法国、意大利（北境）、马耳他、瑞士（法语区和意大利语区）、西班牙和波兰

该国家集群是典型的"外交官"思维模式社会。下面的表格列出了法国和比利时的霍夫斯泰德6维模型指数作为本国家集群的代表。你可以在最后一栏中增加你自己的分数或你祖国的分数。

	法国	比利时	国家集群特征	你的指数
权力距离	68	65	高	
个人主义	71	75	低	
男性气质	43	54	中等	
不确定性规避	86	94	高	
长期性倾向	63	82	高	
放纵与约束	48	57	高	

思维模式 4：与"外交官"谈判

9.2　与"外交官"销售流程的 6 个步骤

9.2.1　建立联系

作为一个自诩创建了自由、平等和兄弟会（liberté, égalité et fraternité）概念的国家，可能会使你认为与"外交官"建立联系很容易。事实或许并非如此。你会发现在这里建立联系虽不像在亚洲那么复杂，但也绝不像美国那样简单。如果你的公司很有名，很有声望，或者你自己很有名，那可能会很容易。如果你不代表微软，你也不是马克·扎克伯格，你可能需要以下提示。

提前做足功课

对方是否已经是你直接竞争对手的客户了？他对你或你的公司有多少了解？对方的组织结构如何？谁是组织的真正领导者？有可能与管理层的人建立联系吗？谁是最终决策者？对方的组织中谁是你推销方案的最好对象？上面你收集到的每一点信息都将对你有益。

找到介绍人并不容易

你认识可以并愿意推荐你的人吗？你可以尝试从自己已有的人脉里寻找介绍人，也可以通过领英之类的虚拟网络来找到介绍人。或许你的大使馆或领事馆可以帮你安排一个会议？有没有相关的商会可以帮助你？

介绍人的推荐是成功地与"外交官"建立联系的最好方法，所以，我们建议你竭尽所能地寻找介绍人。

如果你不能得到推荐怎么办？

当你试图给客户打电话时，接电话的很可能是客户的助手。这时候你的开场白非常关键。举一些情景例子：

"我了解到马丁先生负责贵公司的后勤工作。我们开发了新的服务项目，想在法国寻找合作伙伴。"

"我知道贵公司正在寻找……我们已经为您可能感兴趣的行业开发了一套可行方案。"

或许你的电话会被转接到相关负责人，或许你需要再次甚至多次致电。不要放弃。有些助理可能会要求你通过电子邮件来确认通话安排。助理是重要的信息过滤

9

器，在他们的组织层级中占有很大的权力，所以，你需要学会与其通融。

尽量避开与企业中仅仅在观望的人打交道，而是要与努力工作且确信自己正在给组织带来价值的人交流。要知道"外交官"对于销售人员的评价不高。他们被认为会为了达到销售目的而不择手段。换言之，他们被视为不可信赖的。你可能已经注意到，法国很少使用"vendeur"（销售）这一头衔，而使用像"资源分配师"或"市场营销师"甚至"商业工程师"的称呼来代替。这样的头衔弱化了职业的商业特征，侧重显示人的专业性，使他们更值得信赖。如果可以，调整你的称呼，使其听起来尽可能重要的同时尽量弱化销售的特征。

9.2.2 建立信任

在第一次双方会议上，这场外交芭蕾舞便开始了。在对方主动要求你不必正式称呼他之前（如邀请你直呼他的名字），请保持正式。如果你用英文主持会议，在词汇和表达上要展现出"外交官"水准。法国人大都受过良好的教育，虽然他们不太爱说英文，但通常能流利地读写英语。要注意这一点，避免产生误解。

"客户为王"是一个著名的法国俗语。在游戏开始前，请把你的自我放在一边。请准备好公司的演示文稿，并对其进行适当地调整，使其在特定的情况下发挥最大的作用。或许你需要另外准备一套专门针对产品或服务的详细展示方案。很有可能，第一次会议的意图仅仅是为了了解你的公司，并判断是否有兴趣与你合作。请谨记哲学上契合的重要性。在法国，人们不谈论公司的财务业绩、股票在市场上的表现或任何其他财务业绩指标。要知道，对于"外交官"来说，金钱是"肮脏的"，在他不再回避这个话题之前，不要谈论钱的话题。

然而，如果你谈论你公司的规模、员工人数或在世界各地的办公室数量，"外交官"们会很感兴趣的。如果你的公司员工数量为 1 500 人甚至 30 000 人，你给客户留下的印象会和只有 500 个员工的公司大不相同。在某些文化中，公司规模对于客户来说是无关紧要的，但在法国不是这样。如果你是一个初创企业或中小企业，就要专注于无可挑剔的服务和灵活性，并强调你的公司的专业性。

如果是重要客户，试着把会议安排在上午 11 点。这样你会有机会邀请客户共进午餐。他们可能会拒绝邀请，说"也许下次吧"，但这么做绝对有益。

如果让客户来主导会议，跟随他的"外交芭蕾舞"的节奏。你第一次会议的主要目标应该是：

思维模式 4：与"外交官"谈判

确保让对方对你提案引起足够兴趣。

了解清楚你的谈判对手在其企业中的等级地位和他的决策权。这是在拉丁文化中的最重要的挑战。你会注意到，法国在权力距离维度上的得分相当高（68），这表明法国社会是一个等级社会。同时，它在个人主义维度上的得分也很高（71）。这似乎是矛盾的，因为在世界许多地方，等级制度和个人主义之间存在着反向关系。理解这一矛盾并不容易，但这将是你谈判中需要考虑的一个重要因素。在法国，即使对方有明确的类似采购经理 (Directeur des Achats) 这样的头衔，也并不意味着他有权作出采购决策。由于其高度的等级制度，很可能最终决策需要高级管理层的批准。

总而言之，你需要以一种高度外交的方式搞清楚最终决策是如何制定的、由谁来决定。在其他文化中，如"组织者"思维模式，你可以直接向客户询问该问题。在法国的情况则不同，我们建议在一个非正式的场合，如在午餐或晚餐时，问道："更换供应商的决策程序是怎样的？"或者"谁负责决策？"

9.2.3　确认需求

祝贺你，达到这个阶段意味着对方已经对你和你的公司产生了足够的信任，你能够进入下一个更实质性的步骤。尽量多提问一些问题，让对方尽可能自由地表达自己，仔细倾听对方的陈述，因为他会表达一系列技术上和感性上的需求。事实上，感性需求比技术需求更重要，是否满足客户的感性需求会使原本两种相似的技术产生巨大的差异。确保你了解客户的迫切需要与长期需求。尽可能延后正式提案，这样你就可以尽可能地根据对方的需求调整方案，从而发挥最大的效果。

遵循从大格局归纳到小细节的方式来撰写方案。这种做法符合"外交官"的演绎推理倾向，对方会更容易理解你的论点。

不要犹豫使用宏大的词汇或宏大的创意，但也不要陷入"竞争者"那种过度销售的陷阱。关键是能用雄辩的口才和清晰的表达来展现宏大的创意。对你的提案进行哲学层面的思考：它对人际关系以及整个社会来说意味着什么？不管怎样，你的业务需要"有意义"。你提案要展现"高雅"的一面，从技术、知识或生态层面等深入到最为实际的经济效益、经济价值。

新一代包装机器在降低能源成本、节约原材料的同时提高了技术性能，也可以说是高雅的；你的 IT 解决方案在逻辑性和简洁性上展现出"高雅"；你的物流解决

9

方案将有助于减少库存，因此"有意义"，因为它减少了能源消耗；你的服务或产品在智力上和情感上越有趣，越刺激，你成交的机会就越大。

9.2.4　方案展示

　　永远记住，对于"外交官"来说，谈论金钱是没有尊严的[1]。出具正式的书面提案是法国文化根深蒂固的传统，以便将报价的细节呈现出来，这有助于避免过多地谈论价格。然而，根据我们的经验，还有一些讨论报价的空间。向对方抛出问题："为了满足您的要求，我们的报价大概是这个价格，您觉得这可以接受吗？"然后密切关注"外交官"的反应。他对你的提问是否感到欣慰？你得到了坦率诚实的回答还是他尚不清楚？大多数重要的问题，如市场价格，都会在前一阶段讨论过，但很少会涉及细节，比如他目前为某项服务或产品所支付的费用。如果你选择问这个问题，也要注意他的肢体语言，你的谈判对手很可能会对这个提问感到非常不舒服。

　　建议制作一个正式的书面提案，把你们所讨论和了解到的一切都展示进去。这将是你们建立伙伴关系的一个非常重要的基础。它将作为你们未来关系的参照，是指导你们合作的"圣经"。过去谈话的每一个细节都应该包括在内，但我们建议你可以"忘掉"一些不适合你的内容。可以添加一些额外的收费功能，但不要提及任何奖金制度，这将对真正的价格谈判有益。要确保你有足够的谈判余地，由于"外交官"的责任人制度，你的第一次报价很有可能被拒绝。这是一种在法国政治上也会使用的策略，因此，买方可以向自己的组织表明他的价值。记住，你不是在和那些不喜欢外交芭蕾的"竞争者"或"组织者"谈判。但放心，你有机会进行改进后的第二次报价，这是游戏的一部分。

关键论点（卖点）

　　霍夫斯泰德 6 维模型中的"外交官"国家指数将给你绝佳的指导。确保你的论点按照其对客户的重要性的顺序排列。

　　外交官偏好（及需求）：
* 安全性和可靠性（高度规避不确定性）

---

[1] 在罗马神话中，墨丘利是商人的神，同时也是小偷的神。这表明二者本质是相同的。
https://simple.wikipedia.org/wiki/Mercury_(mythology)

思维模式 4：与"外交官"谈判

* 精致高雅
* 着眼长远
* 坚实的基础及有意义

因此，销售一款新概念高级腕表，你应该强调的卖点为：该产品是"有意义"的；终身保修制度；极致高雅的设计；由于节约用电而更环保；技术上的突破。

9.2.5 价格谈判

价格谈判是一个敏感而微妙的时刻。记住，钱是肮脏的，谈论它被认为有辱人格，对于"外交官"来说，这是个不恰当的话题。尽管谈论报价不可避免，但是"外交官"们希望尽可能地少花时间在这上面。这就是为什么很多公司都有一个专门的采购部门。很多时候，我们终于到了报价这个阶段，并被告知一切都很乐观的时候，却发现又需要和采购谈判，事实上，采购并不很容易对付。如果客户没有专门的采购，你的对接人可能亲自扮演这个角色，在进入价格谈判这个阶段时，你可能发现他性格中完全不同的一面。

法国的专业采购以强硬著称。家乐福（Carrefour）、索迪斯（Sodexho）、雅高（Accord）之所以在全球范围内如此成功的原因之一，就是因为他们创造了令人印象深刻的采购力，运用的完全是一种非法国式（也许是"不雅"）的方法。

价格谈判可能会消耗很长的时间，在这期间你必须要有一定程度的降价。意识到了这一点，你需要确保你留有行业内适当的降价空间。显然，市场价格并不等于最好的价格，在不同的级别（数量、公司等）上的奖金制度是必要的。"外交官"肯定会就这方面进行谈判，所以，要做好准备。

面对客户，你可以利用法国的等级制度思维为自己创造优势，说你没有最终定价权。这样，你就扮演了一个旨在促成交易的中间人角色。这通常会使你和客户之间进行更开放、更理智的对话，并可能给你额外的洞悉。这还可以使你向对方发出强硬的信息："没有必要向我的高层管理人员报告你的要求或立场，因为我知道他们肯定会拒绝。"这样你才能控制局面而不显得被动。

9.2.6 达成交易

这个阶段很大程度上取决于你的准备程度。如果你已经设法联系到并说服了所

9

有参与决策过程的人（后勤、财务、技术、运营和管理），他们都认可了你的方案，那么，一切很可能会顺利。最难预料的群体往往是高层管理者。他们往往神秘莫测，不会与你分享他们的决策过程。在一个等级森严的组织中，高层管理人员保持中立是非常典型的，即使整个团队都赞成，他们也可以拒绝达成协议。整个组织都会理解并接受这一点，这就是为什么你要和每个参与这个过程的人建立良好关系的原因，这样他们就可以告诉你需要做些什么来促成交易。对方中的有些人可能会帮助你，告诉你他们愿意和你达成协议，可能会让你知道他们的同事 X 或 Y 仍然需要被说服。如果你和他们建立了良好的关系，他们甚至会告诉你需要做什么及如何做来增加你成功的机会。

在一切都准备妥当后，还有最后一个细节要注意。与其他的一些文化相反，"外交官"文化中有明确的道德标准，不允许将一方的方案分享给其竞争对手。然而，这条规则并不总是受到尊重。如果组织中有人喜欢你的方案，但又想保留目前的供应商，他可能会泄漏你的信息，并允许现任供应商根据你的提案调整自己的方案。你需要时刻牢记这一点，尽你所能地争取赢得订单。

扼要重述：

* 尽可能多地收集有关你潜在客户的信息
* 获得介绍人的推荐
* 精心准备提案，展示出你对客户公司的充分了解
* 耐心和坚持不懈
* 确保将你的英文表达水平调整到对方的高标准水平上
* 客户为王——耐心
* 提前准备好展示方案，但在对方要求之前不要进行展示
* 尝试了解对方的决策权

思维模式 4：与"外交官"谈判

		与"外交官"谈判
1	建立联系	理想的状态是获得推荐。如果无法获得推荐，打个简单的电话就足够了。别犹豫，多打几次电话 个人或公司的声誉或头衔很有用
2	建立信任	等级制度很重要。确保你的对接人至少与你是同等级别的 如果可能的话，与组织中的高层会面。介绍信、人脉等会起到帮助作用 在这个阶段不要谈论金钱和价格
3	确认需求	由于哲学在这里的重要性，所以，要做好进行复杂对话的准备。使用演绎法，从大格局归纳到小细节。使用诸如"如果我们能帮助您……""如果……有意义吗？"这样的句子
4	商业提案	准备内容翔实并带有报价的正式文件。确保你留有进一步谈判的余地。建立在可靠性、高雅、谨慎和智慧之上的论点 通过打电话或拜访来追踪后续
5	价格谈判	肯定会有第二轮谈判。利用对方的"等级制度"思维来与其跳一曲"外交芭蕾"
6	达成交易	仅仅是产品或服务有竞争力并不能保证交易的成功 对方的高层管理人员有最后的发言权，他们可能希望保留现有的供应商，可以尝试安排双方高层之间的会议或许会奏效。保留足够的谈判余地直到最后一论谈判

10.
思维模式 5：

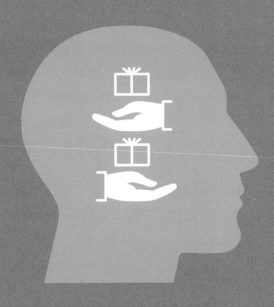

与"互惠者"谈判

10

关键词:

群体焦点、层次结构、和谐、忠诚、荣誉、关系、尊重、间接沟通、形式主义、程序、保全面子

10.1 为何我们称之为"互惠者"?

"互惠者"社会的群体之间和群体内部都是基于交换或互惠,以及互相帮助的相互作用。我们把这些社会的特征概括为集体主义、高度等级制度、规避公开冲突和不确定性。荣誉是驱使他们行为的一个关键因素。他们组织起来,要么竞争,要么合作,相互影响,最终形成群体金字塔结构的社会。如果你来自个人主义文化背景,你或许要首先阅读本书第 13.3 节来理解"关系"在这种群体中的重要性。这将是你成功的关键。

我们选择摩洛哥作为典型例子来分析"互惠者"群体,让我们一起来探索摩洛哥市场吧!在我们深入分析"互惠者"之前,一些关键点。

10.1.1 一切都关乎互惠

"你为我做了什么,我也会为你做些什么"是指导这个集群生活的总体原则。我们的一位朋友曾经分享他在俄罗斯做生意时的经历。想要拿到发票可能相当不容易。我们的朋友在追讨很长一段时间后,顾客终于付了钱,并认为我们的朋友应当对他付款的"恩惠"表示感激。此外,该顾客开始期望这位朋友能够对此给予相应回馈。

另一个来自生活不同方面的例子来自公益组织。在红十字会工作期间,马克了解到,每当难民家庭在其所在国被当局永久安置时,等候名单上的其他来自"互惠者"国家的家庭的典型反应是:"这个家庭交换了什么好处得以被安置?"对他们来说,每一笔交易都是互惠互利的,所以,他们无法想象红十字会的安置分配仅仅是遵照一定的程序而已。

思维模式 5：与"互惠者"谈判

10.1.2 礼仪和习俗

尽管显得啰嗦，我们想再次强调，当你造访"互惠者"国家时，谨记这些国家的礼仪、习俗和传统。众多书籍都涉及了这一主题，所以，在与"互惠者"进行第一次互动之前，多阅读一些相关内容是明智的。只要你展示出真诚的礼貌和尊重，偶然的错误或些许无知都是可接受的和可谅解的，不会对合作关系产生负面影响。

有张著名的令人尴尬的照片，是巴拉克·奥巴马（Barack Obama）试图拥抱昂山素季（Aung San Suu Kyi）。在一些国家的文化中，人们总是尽量避免肢体接触。但这并不算外交灾难，只会被认为很有趣。能意识到不同的礼节总是好的，但也不应该矫枉过正，过分刻意地去适应可能会有点奇怪。你也无法确保做到百分之百的正确。请尊重他们的名片，不在上面写字或画画，仔细阅读并妥善保管，他们会对此表示赞赏。当与他们交谈时请看着对方的眼睛，他们也会欣赏你。

在一些国家，人们不苟言笑；在另一些国家，人们总是满面笑容。对于"互惠者"来说，礼貌和体贴是十分重要的。"互惠者"国家有许多风俗习惯，遵守礼节是教养的一种体现。

10.1.3 等级和决策

在"互惠者"的世界里，上等阶层作出决策，组织中的其他阶层遵照命令去执行决策。上司和长辈的地位取决于他们的阶层位置，而不一定是因为他们的知识、阅历或专长。因此，当权者也就是决策者，他们往往拥有相当大的权力。

10.1.4 裙带关系

在试图避免和控制不确定性的集体主义世界里，一位商业领袖身边总是围绕着他认识的、信任的人以及他可以控制、他需要照顾的人，这完全合理。不要低估这一点的重要性和常见性，即使你觉得很难处理。

扼要重述：
* 首先要建立良好的关系
* 用互惠思维思考

10

* 研究当地的礼节和习俗
* 尊重等级制度
* 团体的利益比个人的利益更重要

国家（地区）列表	东非、西非、中东、阿尔巴尼亚、安哥拉、阿根廷、孟加拉国、巴西、保加利亚、布基纳法索、佛得角、哥伦比亚、哥斯达黎加、克罗地亚、智利、厄瓜多尔、埃及、埃塞俄比亚*、萨尔瓦多、加纳、希腊、危地马拉、洪都拉斯、伊朗、伊拉克、肯尼亚、科威特、约旦*、利比亚、黎巴嫩、马拉维、墨西哥、摩洛哥、莫桑比克、尼日利亚*、巴基斯坦、巴拿马、秘鲁、葡萄牙、罗马尼亚、俄罗斯、沙特阿拉伯、塞内加尔*、塞尔维亚、塞拉利昂、斯洛伐克、斯洛文尼亚、韩国、中国台湾、苏里南、叙利亚*、坦桑尼亚、泰国*、特立尼达、土耳其、阿拉伯联合酋长国、乌拉圭、委内瑞拉、赞比亚

注：*这些国家在不确定性规避方面的得分为 50。我们决定把它们归纳到"互惠者"集群里，但你也会在这些国家中发现"马拉松选手"的思维模式。

我们将此国家（地区）集群定义为"互惠者"社会，是因为他们社会的主要运作方式就是互惠互利。下面的表格列出了摩洛哥和俄罗斯在霍夫斯泰德 6 维模型中的指数，作为本国家（地区）集群的代表。你可以在最后一栏中增加你自己的分数或你祖国的分数。

	摩洛哥	墨西哥	国家集群的典型特征	你的指数
权力等级	70	93	高	
个人主义	46	39	低	
男性气质	53	36	中等	
不确定性规避	68	95	高	
长期性倾向	14	81	N/A	
放纵与约束	25	97	N/A	

思维模式 5：与"互惠者"谈判

10.2 与"互惠者"销售流程的 6 个步骤

在"互惠者"国家（地区），谈判不像西方国家那样是一个线性的过程。在这些国家，谈判可能需要花费很长的时间，并且有些步骤会时常反复。另外，步骤之间的区别可能很模糊，不像我们在前几章中看到的那样清晰和明显。

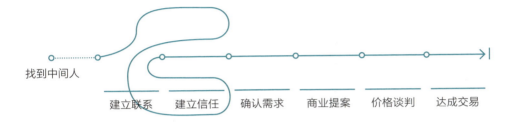

10.2.1 建立联系

利用自己的人脉或贸易促进机构的帮助，要先与一个或多个商业中间人建立联系，继而再由中间人把你介绍给潜在客户，这样才不枉费力气。理解"互惠者"思维的关键是：在这里"朋友的朋友也是我的朋友"。如果你的人脉中有摩洛哥人，只要他有相关的社会文化背景，他会完全理解并乐意帮助你，将你推荐给某个客户。想象一个情景：你与家人在丹吉尔（摩洛哥港口城市）度假期间，有机会认识你所在的家庭旅馆的主人。你们度过了一段美好的时光，你的家人都很怀念他。他很有魅力、很善良，明显地受过良好的教育。你可以找到他的电子邮件或电话号码，并与他建立联系，先经过一番小小的谈话以提醒他你们一起度过的美好时光，接下来你就可以很容易地引入话题："我很快就会再次造访摩洛哥，以开发我的水管设施市场。不过，我目前还没有联系人，或许您能推荐一些给我。"斯坦利·米尔格兰姆（Stanley Milgram），美国著名的社会心理学家，在其"小世界实验"中发现，在美国平均只需要 5 个中间人，一个人就可以与其他任何人建立联系（即 6 度分隔理论）。但在许多像摩洛哥这样的集体主义国家，我们非常惊讶地发现你并不需要这么多中间人。

在摩洛哥，一个联系人会推荐另一个联系人，第 3 个人可能并不是管道材料经销商，但是他和该地区最重要的经销商关系密切。你可能需要在他身上花费些力气才能得到他的推荐，但不要低估他的潜力。你可以向他传达信息：如果在他的帮助

10

下，你能成功地在当地发展业务，你也会相应地回馈他，这将很有帮助。或许你的人脉中的某个人可能会帮到他？或许你自己就可以帮到他？在此思维模式的世界里，互惠是社会的黏合剂，比金钱更有价值。

10.2.2 建立信任

祝贺你，你已成功地完成了第一次会面。在你面前的这位客户，可能比其他典型的"互惠者"更有个性。他很可能会把他的得力助手——他的女婿或表兄介绍给你。

你需要极大的耐心，花很多时间和他们一起喝喝茶，了解他们日常生活中的状态，在理解了他们的驱动力的基础上与他们建立关系。"互惠者"的谈话风格总是含蓄的。例如，他们可能谈论一些成功案例，如住在路尽头的大宅里的市长，与卡萨布兰卡证券交易所的老顾客关系密切，又与经济部长关系密切。你应该多向客户谈论你的成功案例，你目前服务的客户的地位等。这些对话将建立你的声誉和对方对你的信任。

个人逸事

彼得（Peter），一位住在南非的津巴布韦人白人，经营着一家摩托车公司，曾向我们讲述他的故事。他曾有一个商业构思：通过摩托车租赁业务，来结束公共交通系统和乡村地区居民之间的"最后一公里"的隔阂。他通常的做法是，在某种成本/效益分析的基础上，去推销这个概念和它能给乡村人口带来的好处。摩西（Moses）是彼得的副手，也是南非黑人，他组织了几次与村里长者的会议，以衡量这个想法是否可行。摩西再三指导彼得，除了介绍基本观点之外，在第一次会议上绝对不要谈论生意。彼得发现在会议上他几乎插不上话，摩西则引导了大部分话题。事实上，第一次会议的话题主要是介绍彼得的背景信息、介绍彼得的父母以及他来南非的原因等。会议结束时，这些长者说，他们会考虑这个想法后再联系他。第二次会议也几乎没有涉及商业话题，直到在建立足够的信任后，他们才开始讨论该业务。

思维模式 5：与"互惠者"谈判

10.2.3　确认需求，商业提案和价格谈判

　　经过与客户长期的"喝茶"和交谈，你对他的需求已经有所了解了，而且这些需求很可能与你提供的产品标准并不相符。但事实上，在一种"关系"和实际产品同等重要的文化中，这并不是问题。"互惠者"不会仅仅因为你提供的产品特点、规格和价格而有兴趣购买你的产品，更多地是因为你"关系"中的优势——你的人脉所带来的保障性和排他性。想象一种情景：在与客户喝茶的时候，对方问起你是否碰巧认识一个专门供应 LED 灯具的人。一位管道分销商问出这样的问题似乎有点奇怪，但请记住，在现实中，对方很可能是在测试你的人脉广度。

　　在"互惠者"文化中谈钱是很困难的，金钱是略显肮脏的。你的对手可能很难开口向你询问价格。如果你想将谈判的效益发挥到最大，你可以避开报价以从容的姿态说："无论如何，如果我们合作愉快，我们将垄断整个市场。通过把您的分销网络的力量和我们的生产力结合起来，我们会非常有竞争力。让我们尝试通过商定一个对我们双方都有效的战略来建立一个牢固的伙伴关系。"

个人逸事

　　让-皮埃尔曾在印度尼西亚协助谈判。来自欧洲的买方告诉印尼卖家他上个月购买该产品的价格，印尼卖家说，不幸的是，他不得不要求两倍的价格。让-皮埃尔显然对他要来证明该报价的论点很感兴趣。他解释说："该竞争对手很特殊，特别适合以高产量与低成本的方式生产该产品。而我的销量要小得多，成本则高得多，我别无选择，只能要求更高的价格。"他们最终妥协了，并签订了合同。但在此期间卖方从来没有考虑过买方可能因此选择其他供应商，他向买家坦白了自己存在的困难并确信对方会购买他的产品。

　　上面这种交易的逻辑与个人主义社会是完全不同的。在卖方的心目中，这笔交易其实已经达成了，因为他们彼此之间已经建立了信任的关系。这种情况下很难不成交。这就是为什么建立信任如此重要。

10

关键论点（卖点）

再次，霍夫斯泰德 6 维模型将引导你就论点作出选择。确保按照对方的期望来准备和安排你的论点。

摩洛哥人偏好：
* 稳定的关系
* 忠诚
* 和谐
* 安全和可靠
* 仪式
* 等级制度

回到新概念腕表的例子，在此情况下你需要强调：终身保修；由专家打造（邀请他们参观工厂）；它提供的声望（甚至可以作为送给政府官员的礼物）；持有该手表的优势等。

到了提案这一步往往就很轻松了，因为提案会是你与客户之前一系列对话和讨论的反映与总结，这是必需的步骤。给自己留有足够的回旋余地。你或许会遇到不得不降低价格的情况，但这是为了换取某种补偿或让步。

10.2.4 达成交易

在一个注重关系质量更甚于产品价格和质量的市场上，你需要慎重考虑你的交易方式。

获取订单

很多时候，你需要利用某种情况来给客户施加压力。比如缺货的情况，或者是另一个非常重要的客户（政府领导等）的紧急订购。无论如何，可以向对方抛出一个不容易被解决的状况，这有助于加快对方决策的过程。

你可能会发现这样的事件很难安排。你可以试着采取一定的策略：帮客户清理额外的库存；提供特殊的定价；利用需要你亲自处理的情况。但要小心，因为如果你不擅长这种游戏规则，你会很容易被"互惠者"拆穿。

思维模式 5：与"互惠者"谈判

扼要重述：
* 花时间与对方相互了解
* 避免独自一人赴约，带人陪同
* 努力建立信任与忠诚的关系
* 先与其成为朋友才能进行交易

	与"互惠者"谈判	
1	建立联系	通常需要一个或一系列中间人或普通朋友来与对方建立联系，这是建立信任的开端
2	建立信任	信任建立在人与人的基础上。信任圈的接受度取决于你个人在访问期间，避免谈论业务，而是多花时间去了解对方
3	确认需求，提案和价格谈判	确认需求、提案（或草案）和价格谈判都属于同一个综合的沟通过程，双方都试图找出对方可能感兴趣的东西。"如果我给你这个，你给我那个，我们都很高兴。" 改变现有的关系真的既困难又痛苦，需要花足够的时间
4	成交/重新价格谈判	如果你们建立了关系并且互相信任，找到了互惠的解决办法，交易最终将会成功

11.
思维模式6：

与"马拉松选手"谈判

11

关键词：

等级制度、忠诚、规则、中央集权、变通性、实用主义、间接沟通、面子

11.1 为何我们称之为"马拉松选手"？

与其他文化集群中谈判是线性的过程不同，"马拉松选手"文化集群中谈判更像是一个永无止境的重复谈判的循环。永远不要错误地认为你在和一个自主个体谈判，而要记住你在和一个更大的实体的一部分谈判。

我们将"马拉松选手"的特征概括为：集体主义；高度尊重等级和权力；有雄心抱负的；重视成功与名誉；完全适应不确定性。这类社会大部分位于远东地区，也有少数位于加勒比海区域。

我们相信大多数读者或早或晚都会接触到中国市场，因此，本章以中国作为此国家集群的代表。

在深入分析之前，我们首先来破除一些陈词滥调及误解。

11.1.1 互惠互利

在中国互相帮扶是非常重要的，以实现互惠互利。人情关系是一个人真正的财富和金钱。亏欠你的人越多，你就越重要，越有可能因此更富有。这是能真正理解集体主义文化思维的一个关键概念，即想要形成良好的业务基础，建立人情关系不可或缺。

在个人主义国家，销售是产品或服务与货币的交易。在集体主义国家，销售是一系列利益的互惠。你需要提供给客户超出产品或服务之外的东西，对方也会因获得你的"额外利益"而在他的团队中受到赞赏。比如尝试邀请客户去你的国家参观你公司的工厂或办事处，或邀请他的家人或朋友一起吃饭。你的任务是找出能提高对方在他群体中地位的方式并想办法实现它。

所有这一切的结果是，签订合同显得不那么重要了。对方会很爽快地签署订单，因为最终它只是一张纸而已，事后会不断地被检阅和重新评估。

思维模式 6：与"马拉松选手"谈判

11.1.2 亚洲策略

国际象棋与围棋常被用来解释东西方之间的文化差异。在谈判的背景下，这种比较是有意义的。在国际象棋中，每一颗棋子都有自己的数值，取得最高的数值总和的一方将获得胜利。因此，在玩国际象棋的时候，选手需要小心地保护每一颗棋子，只有赢取了等值的棋子才可以弃掉某个棋子。围棋更具有战略意义，选手完全可以通过输掉几颗棋子来换取比赛上的战术优势。

在谈判过程中，中国人倾向于鸟瞰的视角，只要能保持平衡，就不会过分担心放弃一部分。需要注意的是，对方不会向你透露自己真实的优先权，甚至会享受引领你沿着小道实现战术优势的过程。公元前六世纪的孙子撰写的《孙子兵法》至今仍广受欢迎。它由十三章组成，每一章描述战争的不同方面，并被认为是军事战术及军事实践战略的权威性著作。孙子描述了一系列的蒙蔽战术，比如如何佯装虚弱以蒙蔽敌人，或输掉一场小战役来确保最终赢得整场战争。再加上强烈的"面子"文化思维，使得过于直接的沟通在这里并不可取。你会了解到，对中国人来说，谈判艺术是一系列含蓄的对话和暗示，而不是直接性的分析和决定，如果你来自个人主义社会，这种方式可能会让你觉得一切都没什么进展。

11.1.3 中国消费者以及他们与世界其他国家的关系

中国与西方的关系正在发生变化。一方面，当你浏览一些中国的高端生活杂志时，你会发现时尚产品通常是西式的，几乎所有的模式都是欧亚式的，甚至明显是西方化的。2014 年，马克参观了上海的一个大型商场，除了里面的客人和一些餐馆，他几乎感觉不到自己实际上是在中国。看着周围的商铺和宣传，你可能还以为身在伦敦、纽约或巴黎的购物中心。另一方面，就在我们写这本书的同时，中国消费者正越来越对本国的产品感到自豪，特别是对于像智能手机这样的高科技产品。过去，拥有一个强大的西方品牌就足以能在中国获得成功。现在，由于中国消费者对本土品牌的质量变得越来越自信，使得西方品牌在中国市场的发展也越来越具有挑战性[1]。

---

1 资料来源：针对上海伦敦商学院学生的 2014 尼尔森报告"消费者将购买什么"。

11

11.1.4 "小皇帝"时代

虽然中国是高度集体主义社会,但我们似乎看到其正在发生表层上的(尚未触及深层)转变,至于这种转变将带来何种影响,在社会学层面,还有待进一步研究。由于独生子女政策,现在大多数中国年轻人都没有兄弟姐妹,家庭规模变得更小,这对集体主义可能会造成一定的影响。与兄弟姐妹一起成长,将教会孩子在社会中妥协和圆滑世故。由于这一代父母只有一个孩子,所以,他们不遗余力地照顾他们的孩子,许多孩子都被宠坏了。这一代孩子被称为"小皇帝",他们习惯于毫不妥协地做事。这可能会导致中国社会的集体主义性质更加转向个人主义,时间会告诉我们这将对中国社会的核心价值观产生什么样的影响,但意识到这一点并做好准备是有益的。

扼要重述:

* 所有权概念仅与实物商品有关
* 关系比协议更重要
* 赢得整场战争比赢得一场战役更重要
* 国货越来越被重视
* 建立信任不是件容易的事
* 注意曾经的"独生子女"政策的潜在影响

"马拉松选手"国家(地区)列表	不丹、中国、斐济、多米尼加共和国、中国香港、印度、印度尼西亚、牙买加、纳米比亚、尼泊尔、马来西亚、菲律宾、新加坡、斯里兰卡、越南

我们将此国家(地区)集群定性为"马拉松选手"社会,是因为他们的谈判模式是不断循环的重复谈判。下面的表格列出了中国和印度的霍夫斯泰德6维模型的分数,作为世界上两个最大的经济体之一,它们可以是"马拉松选手"集群的代表。通过比较分数,你可以看到,印度相对更加个人主义,长期性导向也比中国低。你可以在最后一栏中增加你自己的分数或你祖国的分数。

思维模式 6：与"马拉松选手"谈判

	中国	印度	国家集群的典型特征	你的分数
权力距离	80	77	高	
个人主义	20	48	低到中等	
男性气质	66	56	中等到高	
不确定性规避	30	40	低	
长期性导向	87	51	中等到高	
放纵与约束	24	26	低到中等	

11.2 与"马拉松选手"销售流程的 6 个步骤

11.2.1 建立联系

试着联系一个你并不认识的中国人是没有意义的，与商业中介的合作绝对有必要。这可能会花费你一点资金，尤其是当你使用私营服务供应商的时候。你可以利用当地政府机构为出口相关事宜提供协助。他们可以帮你找到合适的中介，或者直接给你介绍联系人。尽量通过个人引荐，这将使一切大不相同。引荐的质量和水平将决定你与对方合作关系的质量以及业务的成功与否。如果省去这一步，虽然当时节省了成本，但接下来会浪费你大量的时间、精力及金钱。在这个阶段，找到合适的介绍人是你的首要目标。这并不容易，因为你需要确保对方能胜任并拥有你所需要的人脉。这是冒险的开始，随着时间的推移，中间人变得越来越专业化，而且往往中间人就是优秀的谈判者。

一位朋友的逸事

在安吉拉成为一家中国本土企业的项目经理之前，她曾在一家专注于帮助国外品牌入驻中国的澳洲企业工作。她刚刚入职时，她的高级经理给她一份联系人清单，并说道："这些联系人是公司的人脉，有一些也是我的朋友，先跟他们建立联系，和他们聊天、喝茶，先和他

11

们成为朋友。通过他们，你很快就会拿到你的第一笔订单。"

安吉拉对此举感到困惑，但她还是采取高级经理的建议。结果出乎意料，很快清单上的一位联系人就给安吉拉介绍了一位客户，她得以签订入职以来的第一份交易合同。

作为项目经理一年多以后，安吉拉意识到想要与客户直接建立关系非常困难，有了中间人或熟人的帮助，一切就容易得多。她的很多客户都是由之前的客户介绍的，大部分都是"朋友的朋友"。作为项目经理，最为重要的能力之一就是能够与中间人、客户保持良好的关系。这是建立联系的关键。

总而言之，投入必要的时间和金钱去寻找合适的中介。如果你需要中间人，那么谨记他是你最重要的资产，并要设法把他融合到你的团队中。确保你理解这里的风俗礼仪以及可能存在的限制。

但不要奢望你能了解一切或者表现得好像了解一切的样子。我们的一位法国朋友能讲一口流利的普通话，他告诉我们，即使这样，他也从不在没有中国人陪同的情况下去拜访中国客户。这不仅仅是语言障碍的问题。在中国人的人际关系中，有许多不成文的和不被人熟知的规则，你永远也无法确保能全部了解透彻。

11.2.2　建立信任

如果你已经找到了合适的中介，建立信任就应该不会太难了。但别误解，你还是需要努力才能成功，并没有其他捷径。从本质上讲，通过中介的介绍将对你的前景有利，但不能止步于此。如果你在会面时没有收到热烈的欢迎，也不要惊讶，因为中国文化倡导感情上的含蓄表达。西方人倾向于认为当与外国人交流时，需要放大面部表情——如加大的微笑或更夸张的眉毛表情。这是另一种东西方文化差异的体现。

一位经验丰富的商人（汤姆）曾经和我们分享过下面的故事：

毕业后不久，汤姆被任命为德国的一家大型制药公司的法务部主管。他被派到中国协助项目经理进行新生产设施建设的筹备工作。

思维模式 6：与"马拉松选手"谈判

他们计划进行为期 5 天的访问，与该项目的当局、承包商和建筑师会面。他们的日程安排是由他们的中间人组织的，每天有 3 到 4 次会议，这应该能使他们在项目中取得重大进展。第一次会议是与当地市长进行的。由中间人开车送他们，他们很早就到了。一位友好的中国男子接待了他们并给他们上茶。他们花了半个小时才意识到他并不是当地市长，而是一个他们并不能理解的助手角色。他们向中间人投以求助的目光希望能搞清楚状况，但中间人看起来似乎很放松。另一方面，随着时间的流逝，他们变得紧张起来，因为显然他们没有取得任何进展。他们经历了所有"无意义"的谈话——每个人有多少孩子以及孩子们的名字和年龄是什么。最终，他们变得极不耐烦并开始表现出来。中间人把他们带到一边，解释说，他们自己规划的日程安排永远都不会奏效，他们将不得不至少花两天时间与当地的管理人员单独会面。项目经理点头示意汤姆，他们微笑着接受了中间人的建议。他们在接下来的 5 天里不停地和客户喝茶，在此期间列出了一串很长的联系人名单，并将其列入组织结构图中。当时，年轻且没有经验的汤姆显得没有耐心，但在事后，他知道项目经理是正确的。他们不断地适应当地的礼仪要求，最终，整个项目取得了巨大的成功。

建立信任这一步十分关键，但如果你犯了一些小错误（不可避免），只要你表现出一定的灵活性和适应性，你将很容易得到宽容。你不必担心会被看作"软弱的"谈判者，对于其他文化来说可能是这样，但在这里则相反，这会被认为是谦虚的表现，从而赢得更多尊重。

11.2.3　识别需求，商业提案，价格谈判和签订协议

识别需求、提案和价格谈判都合并在一个大步骤中，因为对这个群体来说，这几步不是一个线性过程，而是一个旋转的螺旋，不断变幻，或膨胀或收缩，视情况而定。在这个阶段，如果正在操作的已敲定的事项突然被对方要求重新审视，请不要惊讶，因为在这里没有什么是真的、固定的，视情况而定的。如果你属于"外交官"文化思维，你应该对此不会有太大的苦恼，因为你的演绎方法论和开阔的视野将受到理解和赞赏。

11

你需要有足够的时间和意愿在渐渐缩小的圈子里奔波，以最终达成协议。如果你习惯了线性的谈判过程，你的耐心将受到严峻的考验，但如果你想成功，你别无选择，只能遵循这种进程。

与"马拉松选手"进行销售的过程：

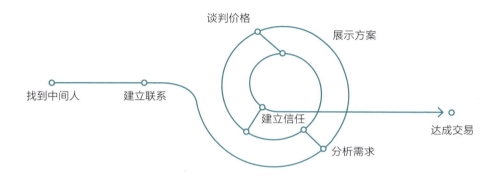

"马拉松选手"往往不喜欢谈论价格。如同"外交官"的情况，这会是个棘手的问题，需要谨慎小心地处理这个问题。例如，你可以讲述你在过去做的交易的故事，并提到其中的报价。你也可以询问对方在别处购买同类产品的价格。

一位比利时朋友的逸事：

约翰被派到中国进行一场稀有物品展览的谈判。约翰的提案已经被中方所接受，但中方仍然想要再次谈判，因此，约翰安排了一场到中国的 24 小时往返行程。对方提供了一点价格上的灵活性，以便能够继续谈判并达成交易。会议的开始时间计划在上午 11 点，重要的细节讨论都被安排在会议初期。中国客户问约翰的回程时间时，约翰没有怀疑这个问题有什么特别的含义，告诉对方第二天一早他就启程回国。约翰继而发现对方突然表现得相当咄咄逼人，已经到了中午 12:30，约翰已给出了他最优惠的报价。会议一直持续了整个下午，尽管约翰已经没有什么可以让步的了。到下午 5 点，约翰终于鼓起勇气准备离开，因为他感觉他们永远也不会达成这场交易。离开后，他满心失望地回到了酒店。

第二天早上，在机场，约翰正在等候他的航班起飞，这时，机场

思维模式 6：与"马拉松选手"谈判

的公共广播系统要求他前往服务台。在那里，他见到带着已签订的合同的中国客户，协议价格就是约翰的报价。中国客户说他这么做的原因是他以为约翰能在最后一刻让步。

在谈判的游戏过程中，中国人可以是真正的玩家。你会发现，他们甘愿冒相当大的风险以获得最优惠的价格和谈判对手最后的让步。"马拉松选手"在不确定性规避维度上的低得分（30）充分体现了这种谈判策略的根源。

我们将上述轶事告诉另一位在中国有谈判经历的欧洲商人。他微笑着说，他也学到了不要让对方知道自己的回程时间。

关键论点（卖点）

霍夫斯泰德 6 维模型的国家分数将引导我们就卖点作出选择。你要确保准备充分，并根据客户的期望来调整你的论点和顺序。你的展示可以像"竞争者"所做的那样很有力量，很吸引人。对方会欣赏你为说服他们所做的努力，以及你对自己、产品或服务的信心。任何一种展示技巧都是可以的，无论是"最现代化的方式"还是大胆的幻灯片，都是可以接受的。如果可以的话，添加一些对产品或服务的精美展示。中国人只想要最好的。

中国人的偏好：

* 个人提升
* 仪式礼节
* 长期关系
* 协商一致

还是使用新概念高级腕表的例子，你需要将卖点集中在：这一特殊产品在欧洲取得的成功；由于其与卫星永久连接而带来的非凡的精度；专属的排他性。不过，你也要强调这项交易对你们双方的公司来说都是独一无二的机会，因为你们都是这一新兴市场的重要（或大有前途的）参与者。在个人层面上，你可以告诉客户的谈判代表，像他这样的重要人物、领域内公认的专家，代表着一家如此重要的公司，如果选择双方无法达成合作，那将非常遗憾。

"马拉松选手"的集体主义和男性气质之间的明显矛盾很值得玩味，因为西方人认为这两者无法共存。如果邀请你的谈判对手共进晚餐，而他可以邀请任何他想要邀请的人，这在世界上许多地方都是闻所未闻的，但这在中国却非常有效。当你说

11

"他可以邀请任何人"的时候，对方会完全照做，他会邀请与公司无关的人，他会邀请他的家人、朋友或其他他想留下深刻印象的人。这里的要点是，这是对方在他的群体中彰显自己的地位的一种方式。作为交易的一部分，你也一样，可以获得比如某种预先协议、意向声明，或者你公司的工程师会获得参观工厂的机会，只要你耐心而有礼貌地去谈判，一切皆有可能。

当你准备你的论点时，要注意避免陈词滥调和刻板的思维。

报价

与世界上许多其他地方的情况相反，在这里，报价并不是最后一步，而是一个会不断重复的小步骤。报价不会作为将来的协议参考，只作为交易过程中的一个步骤。它可以非常简单和直接，只需最少的细节而并不需要具体化。看看中国的汽车销售是如何展现汽车价格的，你就知道了。大多数情况下，你甚至找不到标价，就算有标价也只是当天的价格，随时都有可能改变。

保护你的专项技术

确保你在提案中只提供最低限度的信息。在提案中简单地展示出你将交付的成果，而不要展现如何实现这种成果的细节。中国人找到你，自然是因为你的专项技术，但你要保持神秘且不要分享出去。你需要在提供足够的信息来达成交易的同时不让对方完全知晓所有信息，你要在这之间找到适当的平衡。如果他们知道了所有信息，最终他们会选择自己来做而不再与你合作。如果尝试请一位中国厨师介绍烤鸭的秘方，毫无疑问地，他只会做好然后给你打包的——这是完全可以理解的。

寻求均衡

中国人总是对整个交易过程保持鸟瞰。如果你就谈判的某一点不能或不想让步时，要毫不犹豫地先暂时搁置这一点，然后继续谈判进程，留待最后再来讨论搁置的话题。你可以这么说："一旦你有机会看到我们提案的所有方面，你将会对我们的服务有信心。但这个话题现在很难立马敲定，让我们先转到下一个话题吧。"

是否还记得我们在"联结者"的章节中所描述的"妥协"与"协商一致"的区别？中国人更倾向于寻求共识。如果你从一个"黑色"的位置开始，他们从一个"白色"的位置开始，最后的结果往往是一个新的解决方案——一个相互融合的灰色，而不像典型的妥协那样是黑色与白色的拼接。

思维模式6：与"马拉松选手"谈判

如何最终敲定交易？

这可能会在你预料之外时突然发生——某个瞬间你的公司就突然成为某个产品或服务的可信供应商。你甚至还未完全搞清楚为何突然转向了你这边。在会议或晚餐后的某一天，你可能就会突然收到书面订单或已签署的合同。由于谈判已经达到了某种均衡，你会发现你的新客户突然间急于达成你们的交易。几个谈判人员给我们讲了类似的故事。就在他们放弃达成协议的希望并准备认输时，他们的对手突然要求再等几个小时，然后就带回了已经签订的协议。

但同样很可能的是，在某一天、某个月或一年之后，你的中国客户会突然开始减少订购。这是潜在的信号：对方可能发现了另一个供应商，但不想冒风险告知你而让你丢面子和破坏你们的关系。

同样，霍夫斯泰德的6维文化模型将帮助我们了解发生了什么。高的"男性气质"指数意味着"马拉松选手"期待最佳的交易。因此，在谈判过程中，你要尽可能地向对方传递这样的信息：他可能会因此（自豪地）拥有市场上最好的甚至是最贵的产品，但同时他得到了在中国和亚洲的最优惠的价格。

总之，跟进业务、定期联系和维护关系对长远的成功是非常重要的。作为当前的供应商，你需要意识到当其他人试图取代你的业务时，你不会得到任何提示或警告。你唯一能清楚看到的就是，一旦有竞争对手进入，你的销售量就会减少，这时候损失往往已经造成了。

扼要重述：
* 投入时间、精力选择合适的中间人
* 询问开放式的或多项选择的问题，而不是封闭式（是/否）的问题
* 开放的、协调一致的（共识）解决方案，而不是妥协的解决方案
* 永远不要忘记中国社会中男性气质的一面
* 持续投资于人脉关系并耐心等待
* 对整个谈判过程保持鸟瞰视角
* 只提供最低限度的信息，并着重于你的优势
* 谨记，在谈判期间你没有必要主动去结束交易——让他们来找你

11

与"马拉松选手"谈判

1	建立联系	共同的朋友或中间人非常重要
2	建立信任	信任建立在人与人之间的基础上。人脉圈子对你的接受度取决于你个人 在访问期间,避免谈论业务,而多花点时间去了解对方
3	确认需求 提案 价格谈判	确认需求、报价(估价)和价格谈判会在谈判中共同进行讨论。为了找到共同点或共识,双方都需要设法找出对方可能感兴趣的东西。这可能需要几个回合的谈判 精彩有力的方案展示会被欣赏
4	达成交易/ 再次议价	最后的决定可能出乎意料突然地发生,没有警钟。因而要善于保持良好的关系

12.
思维模式 7:

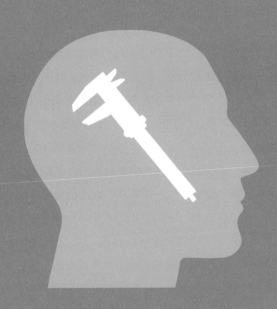

与"工匠"谈判

12

关键词：

精密、可靠性、系统、过程、关系、时间、流动性、共识、荣誉、面子、间接沟通、持续改进

12.1 为何我们称之为"工匠"？

之所以称为"工匠"，是因为：他们高度注重细节，投入大量的时间和精力进行准备工作，热爱精致和优雅，对完美的追求。对于工匠而言，即使是在大批量生产的工序中，每一个生产对象都有意义；他们对每个工位都进行相应的分析和优化；其中的每一道工序都久经磨炼，每一次改进都是为了达到尽可能高的完美程度。

迄今为止，我们发现只有日本存在这种思维模式。日本人的思维方式与其他国家的很不一样，但同时也把其他国家的人的思维模式结合在一起。日本具备"外交官"的高雅；像"组织者"一样热衷于秩序和结构；有"竞争者"的自豪感和对成功的渴望；像"联结者"一样的社交关系网；像"互惠者"一样渴望建立长久的合作关系。

"匠人"思维模式是如此的特殊，其市场规模十分重要，于是，我们决定将这种思维模式单独作为一个章节。从西方的角度来看，我们可能会把日本和大多数东南亚国家联系在一起，但这其实是种误解。日本文化与其他文化有很大的不同，他们有严格的行为规范，在这个人口稠密的岛屿上发展出一种和谐相处的生活模式。

12.1.1 独特又熟悉

你可能会发现日本人的思维模式复杂而又令人困惑，每个曾经到过日本进行谈判的人，或许都会在日本文化中找到自己文化中熟悉的一面，但也会发现一些难以驾驭的方面。

与"外交官"相似，"工匠"们可能觉得自身文化比其他文化更加优越。就"外交官"而言，这是由于他们相信自己是奠定西方文化基础的古代社会的继承人。然而，日本人则坚信他们创造了一种更优越的文化。很多来日本的外国游客可能对此都有所体会。这种信仰被许多细小而礼貌的姿态和仪式所包裹，由于掌握这种文化

思维模式 7：与"工匠"谈判

模式复杂又困难，外国人要想融入日本的文化中几乎不可能，这助长了区分"我们"与"别人"心境下的优越感。因此，相比难以理解日本文化独特性的外国人，日本人通常更愿意和日本人做生意。

12.1.2 似乎是等级森严又或许不是

日本通常被认为是一个等级森严的社会。但是与许多其他社会相比较，比如"外交官""互惠者""马拉松选手"社会，日本的等级制度程度要相对较低。在一个真正等级森严的社会里，上司作出决定，组织负责执行，决策权总是掌握在组织的顶端等级的人手里。日本的情况并非如此。但是，决策权也不像"竞争者""组织者"那样被授予给社会底层的阶级。

等级主义　　　　　等级主义　　　　　日本

12.1.3 "Nemawashi"过程

日本具有独特的寻找共识的决策方式——这是所谓的 Nemawashi。从字面意思看是指"根回"，即在移植树木前将树木的根须一起修正包缠的准备工作，如果没有适当根回，移植的树木就会枯死。在商业意义层面，Nemawashi 意指"奠定基础"，涉及针对所有人的一对一的对话。经过一段时间后，解决方法或正确的前进之路会从这些讨论与对话中慢慢浮现出来，而最终作出这个正确决策就只是一种形式而已。这个过程可以从组织的任何一个阶层开始，并在向等级顶端发展的过程中建立中坚力量。在整个组织经过讨论并事先为他准备好最终决策之前，高级经理就事先作出决策的情况极为罕见。

12

12.1.4　Kuuki Yomenai

另一项在日本谈判的很重要的技能是 KY（Kuuki Yomenai），大致翻译为"读取氛围"。日本人的交流非常注重语境，非常间接。你需要在谈话中察言观色，并把对方说过的话和隐藏的话放在语境中进行理解。例如，说"不"是很不礼貌的，因为它可能破坏关系或影响团体和谐。因此，日本人有很多种说"是"的方式，代表程度不同的"是""但是……"或"不"。对于极度直接、个人主义的西方人来说，"读取氛围"和非直接的沟通方式都是非常困难的。

12.1.5　历史与未来

以下就日本销售流程的描述基于其传统的价值观和运作方式。日本更为开放的年轻一代似乎有一种"西方化"的趋势，倾向于更"直接"的交易方式。这对未来带来多大的影响还有待观察。

扼要重述：

* 独特的文化
* 追求完美
* 关系第一，任务第二
* Nemawashi——协同一致的决策
* 学会察言观色

	日本	国家集群的典型特征	你的分数
权力距离	54	中	
个人主义	46	中	
男性气质	95	高	
不确定性规避	92	高	
长期性倾向	97	高	
放纵与约束	42	中	

思维模式 7：与"工匠"谈判

12.2 与"工匠"销售流程的 6 个步骤

12.2.1 建立联系

在集体主义社会，人们喜欢与他们认识并信任的人做生意。人际关系是企业的命脉，因而作为局外人，最为首要的任务就是创造、发展和培养人际关系。直接的方式（比如直接打电话）往往行不通。

第一步，你需要仔细分析你自己的人脉，看看是否有与你相互信任的人，能够把你介绍给你的目标客户。如果你的人脉中有这样的人，他们对你来说会像金子般宝贵。由于日本是一个高度结构化的社会，理想情况下，你的介绍人应该与你的目标客户处于同一水平或更高水平。

如果你的人脉中没有合适的人，最好的选择是使用专业的中介机构，如商会或大使馆的商务负责人。他们知道游戏的不成文规则，能成为非常重要的盟友。

日本商人会花很多时间和精力来培养他们的人际关系网。据我的一个日本朋友说，任何真正的商人最多三度（三个联系）就可以被别人从行业中剔除。由于这种强大的人际结构，与当地公司合作是非常明智的，这会让你加入到他们的整个人际关系网中，并能使你快速学习。但至少，你需要确保你拥有合适的中间人。

让－皮埃尔的一位朋友（克劳德）的故事分享：

 克劳德的公司希望能在日本找到一个合作伙伴，来共同开发一项非常有前景的新业务。他的公司在东京有一个分支机构，但在日本并没有针对这项新业务的经验。克劳德联系了在日本的机构，并提出他要到东京来发展客户关系。日方经理劝阻了克劳德直接过来的想法，并要求给他们一些时间做拜访前的准备。"我们只需要三个潜在的合作伙伴，"他说，"请给我们一些时间，找到与他们建立关系最好的办法。我们会针对他们的历史、成功与失败作一些慎重的询问，然后我们会找出谁是最好的联系人。我们需要知道他们的爱好、他们的个人情况、他们孩子的活动……"

克劳德承认他对这种做法感到震惊，从他的角度来看，这是不专业的方式。但鉴于该日本分支机构非常成功并备受尊敬，他同意了。

几个月后，克劳德被邀请去东京吃晚饭。中介花了一个下午向他展示他们收集的三位潜在合作伙伴的数据信息。哪家公司是首选的合作伙伴很明显了，幸运的是，克劳德的中介是该目标公司的经理的孩子的朋友。由于这层关系，中介设法为克劳德和对方的高层经理组织了一次晚宴。克劳德被告诫不要谈生意，而是谈论他对高尔夫球的热情，并希望能借此邀请对方在下周一起打球。

一切都是经过精心策划的——晚餐、话题、高尔夫比赛。如果一切顺利，自然而然地会过渡到一起做生意的话题，内容也早已准备好了。

12.2.2 建立信任

这是最重要也是最关键的一步。人际关系是日本商业的基石。在很大程度上，信任是建立在人际关系层面上的，人们之间建立信任需要一些时间。这种关系的感情方面很重要，你并不一定需要成为朋友，但至少要接近这种程度。因此，在你开始谈论业务之前，你需要投入大量的时间来发展关系和建立信任。在进入正题之前，多次拜访、多次会面是很平常的事。对于来自个人主义社会的人来说，这可能会让人感到效率低下和沮丧，但如果你想在日本开展业务，你就得耐心适应。当然，你所在的组织或公司也在建立信任的过程中扮演着重要角色，大公司或强势品牌都是加分项。

在日本，信任的这两个方面都很重要。如果你代表一家享有盛誉的全球化公司，建立信任这一步会更容易，但这并不意味着可以坐享其成了。你还是需要花时间和精力在个人层面上发展信任。如果你不这样做，你不大可能成功，甚至会在这个过程中损害你公司的声誉。

对于大多数的集体主义社会，人际关系的维护与发展可以比成功执行一项任务更重要。这是因为在这些社会中，和谐被认为是生活各个方面的头等大事。以个人主义社会的眼光来看，集体主义社会有一些出人意料的极端行事方式：一个潜在的

思维模式 7：与"工匠"谈判

供应商，虽然他可能具备合格的产品或方案，但他会如实告知客户他的方案不是最佳，并向客户推荐拥有更好的方案的竞争对手。从短期来看这是他的损失，但通过合理推荐，他加强了与客户的关系，从长远来看这对他是有益的。

建立信任的另一个重要元素是"nomunication"，源于日语中的"nomu"（喝）和英文中的"communication"（沟通）。下班后一起喝酒是日本企业生活的重要组成部分。白天，日本人的工作生活是高度结构化和规范化的，有众多准则需要遵守。因而，为了真正认识一个人，放松警惕并释放压抑，展示真实的自我是很必要的。这便是"nomunication"的目的。一起喝酒直到"醉倒"是摆脱所有障碍并真正建立关系的一种方式。这表明你愿意展示真正的自我。西方人常常担心自己会因此出丑，认为这是不专业的表现，但他们没有抓住要点，因为这种经历完全是为了发展关系和建立信任。正如那句俗语"在拉斯维加斯发生的事就都留在拉斯维加斯吧"，在 nomunication 期间无论发生什么，都会被忘记，绝不会在办公室被提起。因而，如果你想在日本发展商业关系，准备好参加并（或）邀请你的客户 nomunication。如果你因为健康因素或其他原因而不能喝酒，还有其他选择比如卡拉 OK 酒吧，你们可以在不喝醉的情况下放松自我。

12.2.3 确认需求

在确认需求这一步骤中，日本社会的几个特殊性非常重要：

* 你需要了解 Nemawashi 的过程，并遵循其规则。
* 日本的等级制度有两种维度：一种是组织中的等级位置，另一种是资历和经验。二者的结合将决定你需要与谁发展关系以及如何发展这种关系。

为了确认对方的需求，你需要找到处于群体 B 和群体 D 中的人并和他们建立人际关系。然后你就可以询问他们存在的困扰，或许你可以帮到他们。你需要和尽可能多的人进行这些对话，并且通常以间接的方式接近主题。一段时间后，客户的需求以及可接受的商业条件会慢慢在这种"Nemawashi"方式浮现出来。最后请确保所有的文件（包括你的公司介绍）都是高质量的。

12.2.4　商业提案

正式提案的目的是确认双方已讨论过的所有细节。方案必须非常清晰、非常详细，并得到充分的展示。这不仅仅是为了确认价格而已。我们建议你可以在与客户的私人会面上把方案单独给对方，不错过任何加强关系的机会。

12.2.5　价格谈判

在前面几个步骤中，其中往往已经涉及多次有关报价的对话。价格谈判很微妙。同"外交官"一样，"工匠"不愿意谈论金钱，觉得这可能损害和谐或导致他们丢脸。然而，交易就是交易，价格谈判在所难免。作为供应商，你需要在考虑成本和利润的前提下提出报价，"工匠"则可能会要求降价，通常会用他目前的供应商、你的竞争对手的报价或市场价格来论证他的要求。他很可能告诉你（也许已经告诉过你）他想要的价格。如果对方要求的价格与你的预期不符，你应该要求对方给你时间去考虑和询问你的机构。即使你拥有来自机构的授权可以作出必要的决定来结束交易，也不要这么做。我们建议你"假装"需要向你的公司汇报。

在日本，长远的决策远比快速决策重要得多。因此，与各个组织机构经历几轮磋商的情况很正常。记住正在与你进行谈判的人往往没有组织授予的最终决策权，他需要时间来进行内部的"Nemawashi"过程，以确保所有利益相关者的利益一致，慢慢地直到与你合作对整个组织的长远利益都是明显的最佳选择，他才会得到授权去作出决策。短期收益和速效方案在西方世界的许多地方都很普遍，日本人一般不感兴趣。

永远不要忘记 KY（Kuuki Yomenai），谨记察言观色，避免误解客户传递给你的信息。虽然日本似乎是等级森严的，但相比其他一些社会日本并非真的如此。决策不是由等级顶端的人作出的——而是在组织集体通过"Nemawashi"的方式作

思维模式 7：与"工匠"谈判

出的，再由顶端的人来作形式上的确认。日本首席执行官的工作核心就是正式批准集体作出的任何决定，他往往参与到整个集体决策过程，所以，对决策的各个方面能够充分了解。

谈判培训

通常情况下，一家真正意义上的公司会有一个严格遵守的报价表。当然，退税可适用于大额账户等情况。在这里，许多买方都受过相关培训，他们至少会做 3 次尝试以争取到最大的折扣。确保你也接受了相应的、对方社会可接受的说"不"的培训。

12.2.6　达成交易

一般情况下，最后一步是会见对方的高层经理以达成交易。在成交时与高层管理人员会晤对于建立更为深厚和持久的关系方面具有战略性意义。通过对高层管理人员的拜访和请求他的批准，表达了你对他的尊重。"Nemawashi"的过程由大部分人参与决策，成交会议是高层人员唯一可以显示权威的机会。召开成交会议比打个电话或写封电子邮件要好得多——这次会议是管理层彰显其权威的仪式。

记住同"联结者"一样，"工匠"可能与他现有的供应商也保持着牢固的关系。也许你的方案会被给当前的供应商作为参考，他们可能因此有机会调整条件和服务来保住目前的业务。然而，这种情况通常发生在"Nemawashi"的过程中，而不会在最后成交时才出现。

达成交易后，要继续投资于与客户的人际关系，进一步发展和加强它。举办后续的跟进会议，别忘了安排聚餐和酒局（nomunication），这个时候你将有机会真正洞悉对方是如何发展人脉关系的，以及他们对你的产品或服务有多满意。

一些补充建议

日本的一个商业秘密（至少对外界来说）——某个行业或业务中所有的成员都互相熟知对方。即使是直接的竞争对手间也保持着良好的关系，他们自然地共享市场份额。由于所有成员都有各自的优点和缺点，所以他们互相指导。由于所有人都在就他们的需求寻找最佳的长远方案，因而市场上催生出这种自然和谐的伙伴关系。

由此可见，其他国家的企业很难打入日本市场。因此，与当地机构建立伙伴关

12

系要明智得多,让当地的中间商去跑腿,让他们去执行"Nemawashi"的过程直到产生出决策。那时候,你将作为公司的高级代表出场,与客户同等级别的高级代表会面,来正式达成交易。交易的方方面面都已被提前调整好,这样就不存在丢面子的风险。

扼要重述:

* Kuuki Yomenai(KY):学会如何读懂氛围(察言观色)
* Nemawashi(回根):协商一致的过程
* Nomunication(发展过程):这个时候你会发现真正的需求或问题
* 日本社会是高度男性气质的,成功对于个人非常重要
* 日本社会高度回避不确定性
* 持续投资人际关系,花时间与客户相处,一起喝酒吃饭,唱卡拉 OK

	与"匠人"谈判	
1	建立联系	利用人脉中现有的人际关系或使用中介
2	建立信任	这需要花费很长的时间。Nomunication!
3	确认需求	确认出对方机构中的专家和资历深厚的人 注意 Nemawashi 的过程
4	商业提案	明确和详细地对 Nemawashi 进行总结和回顾
5	价格谈判	Kuuki Yomenai。学会察言观色及如何以适当的方式说"不"
6	达成交易	是简单的形式化了的 Nemawashi

13.
文化科学

13

本书的方法论建立在 4 个要素之上：

* 荣誉教授吉尔特·霍夫斯泰德通过他对文化的科学研究而创建的国家文化的 6 维模型
* 基于哈布·韦斯滕的国家集群概念而建立的 7 个国家集群
* 我们创建的 B2B（企业对企业）销售流程模型
* 我们自己的经验以及无数其他专业人员的贡献

我们以霍夫斯泰德的 6 维模型创建了本书的系统，在本章中，我们将尝试就他的著作进行鸟瞰和总结。我们强烈建议大家阅读他的最新著作《文化和组织：思维的软件》[1]。

关于吉尔特·霍夫斯泰德以及 6 维模型的历史 [2]

吉尔特·霍夫斯泰德作为机械工程师从荷兰代尔夫特大学毕业。在工业界工作十年后，他开始研究社会心理学。他之后在荷兰格罗宁根大学获得博士学位，他还是荷兰马斯特里赫特大学组织人类学和国际管理学的名誉教授。

1965 年，他加入 IBM，担任管理培训师和人事研究经理。他是人事研究部的创始人和管理者，这也是他从工程学到心理学的转折点。在此期间，他积极参与了 IBM 全球 70 多个国家子公司的员工意见调查和应用。他游历了欧洲和中东进行采访和调研，就大型组织中人们的行为及合作方式进行调查。当时，IBM 有超过 110 000 份已完成的调查问卷，其调查结果是现存的最大的跨国数据库之一。1973—1979 年，他就该数据进行了研究，并以多种方式开展了数据分析。他运用心理学、社会学、政治学和人类学的现有文献，将他的研究结果与更广泛的研究范围联系起来。该数据覆盖 70 多个国家，霍夫斯泰德先就 40 个国家最主要的受访群体进行研究，然后分别扩展到 50 个国家和 3 个地区。随后的研究证实了先前的结果，范围包括商用航空飞行员和来自 23 个国家的学生、14 个县的公务管理人员、15 个国家的"高端市场"的消费者和 19 个国家的"精英人员"。研究成果将不同国家（地区）的文化在统计学上分为 4 组，即霍夫斯泰德国家文化的 4 个维度：

---

1 《文化与组织：思维的软件》，由吉尔特·霍夫斯泰德、格特·扬·霍夫斯泰德和迈克尔·明科夫共同阐述了跨文化合作及其对生存的重要性，由 McGraw Hill 于 2010 年出版。
2 资料来源：维基百科 https://en.wikipedia.org/wiki/geert_hofstede；www.hofstede-insights.com。

文化科学

- 权力距离（PDI）
- 个人主义与集体主义（IDV）
- 男性气质与女性气质（MAS）
- 不确定性规避（UAI）

1991年，基于迈克尔·哈里斯邦德（Michael Harris Bond）的研究基础，第5个维度被添加进来，该研究得到霍夫斯泰德教授的支持。邦德带领学生进行了一项国际研究，并与中国教授一起研制了一种调查工具。这个基于儒家思想的维度，被称为长期性倾向（LTO），已被应用于23个国家（地区）。

2010年，通过对最新的、代表性国家人口的世界观调查样本的研究，迈克尔·明科夫（Michael Minkov）创建了2个维度。其中一个属于新维度，第2个维度或多或少是第5维度的重复，第5维度的国家指数由此扩展到93。

在《文化与组织：思维的软件》2010版中，基于迈克尔·明科夫对93个国家（地区）的价值观的调查分析基础，第6维度被添加进来。这个新的维度被称为放纵与克制（IND）。

霍夫斯泰德获得了许多荣誉奖项，并在2011年获封"荷兰的狮子"骑士勋章（Orde van de Nederlandse Leeuw）。他拥有欧洲七所大学的荣誉博士学位（分别为奈耶诺德商业大学、索非亚新保加利亚大学、雅典经济与商业大学、哥德堡大学、列日大学、ISM管理与经济大学，2009年新增佩奇大学，2012年新增塔尔图大学）。他还是香港大学（1992—2000）、对外经济贸易大学、北京大学和中国人民大学的荣誉教授。

吉尔特·霍夫斯泰德教授对文化的定义

霍夫斯泰德将文化定义为"能够区分不同群体或不同类型人群的思维的集体划分"。

13

文化的不同层次

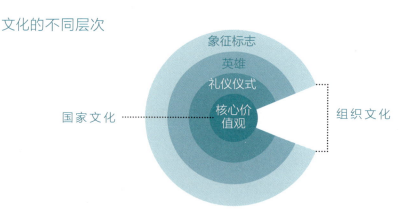

一个群体或社会的文化表现方式是多种多样的。上图是霍夫斯泰德创建的文化的"洋葱"模型。由外到内到达核心，核心代表一个社会的核心价值观。文化的不同层次往往不那么明显，大多数社会成员甚至没有意识到它们的存在。然而，这是建立一切的核心基础，理解并具象化文化的层次是跨文化背景下的强大工具。国家文化体现了国家和地区之间的价值观差异。

全球化与文化

在 Facebook、Instagram、WhatsApp 等社交媒体工具的驱动下，当今世界的全球化和国际化日益加快，这可能会促使人们认为文化正在走向迅速的融合。文化的外层组成部分或许有着某种程度上的趋同，但迄今为止，还没有数据表明世界的核心价值正在趋同。原因之一可能是人类群体在生命早期就形成了各自的核心价值观。这是由我们的父母和我们的直接环境赋予我们的，告诉我们什么是"正确"和"错误"，以及什么是适当的行为方式。社会科学告诉我们，在我们十岁到十二岁的时候，这个过程已经基本完成了，不管我们以后的生活经历如何变化，这都很难产生改变。作为成年人，我们会传递给孩子们相同的（或至多是略微变动的）价值观，其结果是文化的变迁过程十分缓慢。

根据过去的经验，当人们离开家园来到其他国家时，出生的第一代人会部分融合到新的国家并拥有一种混合文化。一般来说，只有第二代人才能完全融入并吸收东道国的文化。

与"社交媒体是文化融合的有力工具"这一流行观点相反，我们认为它也是一种与母国保持联系的工具。这意味着，保留原始的文化模式而非采用东道国的文化模式要容易得多。这一切还留待时间来证明。

13.1 国家文化的 6 维模型

国家文化模型由 6 个维度组成。这些文化维度代表了用以区分国家（地区）的统计学意义上的独立偏好。每个维度的国家指数都是相对的，因为作为人类我们都是独一无二的。换句话说，文化只有通过比较才有意义。重要的是明白，6 个文化维度上的国家价值观是一个国家或地区一般性价值观，这绝不意味着可以通过这些价值观来定性这个国家（地区）每个人的行为。某个分数只是一个大样本的平均值，样本中的个体有很大的差异。最佳的展示图是钟形曲线或高斯分布曲线，曲线的顶点代表平均值或国家指数，但可以找到曲线上的任何其他值。

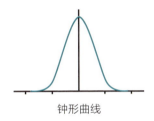
钟形曲线

两个国家的不同指数的最佳展示图是重叠曲线。曲线的峰值不同，但有一个重叠的部分，这意味着就平均程度而言二者的行为是不同的，重叠部分代表着不同国家人们的相似行为。分数越大，曲线的波峰越远，文化的差异就越大，二者重叠的可能性就越小。

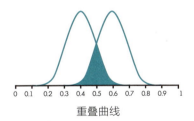
重叠曲线

霍夫斯泰德的研究表明，两国的文化差异要在统计学意义上表现出显著差异，并且这种差异能在日常生活中体现出来，两国之间的分数差异至少是 10。

13

13.1.1 权力距离指数（PDI）或等级制度观念

这个维度表达社会中那些弱势成员对权力分配不平等的接受和期待程度。这里的基本问题是一个社会如何处理人们之间的不平等。

在较大权力距离指数的社会中，人们能接受现有的等级制度，每个人都有自己的位置，不需要进一步的公正。身份地位更多的时候不是归功于成就，而是生来就被赋予了。人们倾向于彰显身份地位，年长的人会受到尊重。在低权力距离指数的社会中，人们倾向于努力平衡权力的分配并就权力不平等的情况寻求公平、公正。有权力和地位的人会尽力缩减身份的象征，并努力试图成为社会中"普通的"成员。

这一维度对一个国家（地区或组织）的结构和组织方式有重大影响。在这个维度上得分较低的社会中，等级制度是为了便于社会运作而存在，而与权力无关。授权是自然的，人们在组织中期望表达他们的意志，承担社会责任，并作出决策。理想的领导者是体现并协调民意的促进者。

在维度的另一端，等级制度是"生而不平等"的体现。决策是高度集中的，组织中的其他人要去执行决策而不是对决策提出质疑。一般认为，在一个组织中的地位越高，拥有的特权就越大。理想的领导者是独裁的。

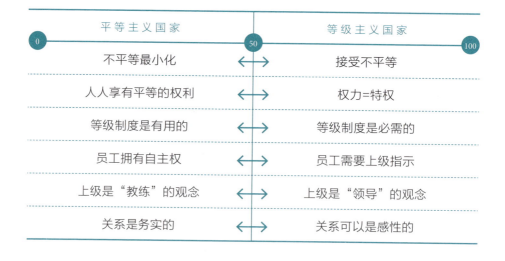

13.1.2 个人主义与集体主义（IDV）或对群体的态度

在这个维度上的指数较高的一端，被称为个人主义，人们偏好松散的社会结构，倾向于只关心自己和他们的直系亲属。相反，集体主义代表了对组织紧密的社会结构的偏好，人们可以期望他们的亲属或群体内的某个成员互相照顾，以体现对群体的绝对忠诚。

一个社会在这个维度上的得分体现在人们的自我形象是以"我"还是"我们"定义的。沟通在个人主义的国家往往更加清晰化和口头化，而在集体主义国家，委婉的交流是常态。在个人主义的社会，人们把完成任务或协议看得比发展和维护人际关系更重要。相反，在集体主义社会，发展和维护人际关系是第一位的，完成任务是第二位的。

当个体在个人主义社会中犯错时，他会因此感到内疚和伤害自尊。但在集体主义社会中，个体将更可能因为让集体失望而感到羞愧。

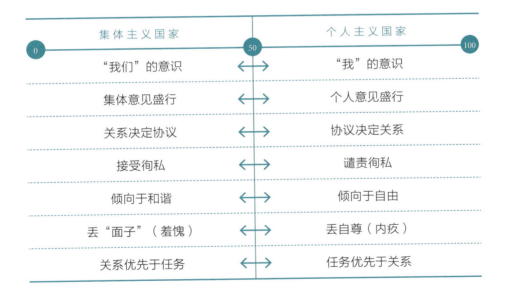

13.1.3　男性和女性气质（MAS）或积极性态度[1]

男性气质代表性别角色明显不同的社会：男性要自信、坚韧、专注于物质上的成功；女性则应谦和、温柔、关心生活质量。整个社会更具竞争力，成就决定社会地位。在这些社会，尽管妇女表现的自信、坚韧及专注于物质上的成功越来越被接受，但人们通常并不太能接受男性表现谦和、温柔和关心生活质量。

女性气质是一个社会性别角色充分重叠的社会。男女都应该谦和、温柔并关心生活质量。这些社会倾向于拥有强大的社会支持网络、父母双方都可享受的产假、强大的社会保障制度以及"为生活而工作"的伦理等。北欧国家就有很好的例子。

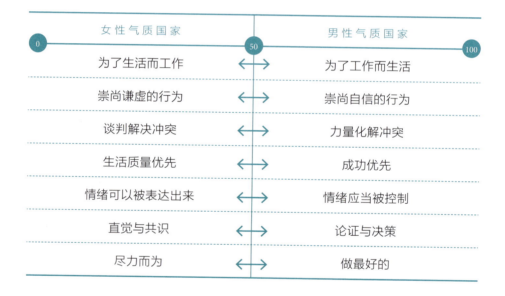

1　如前所述，男性气质与女性气质之间的描述可能会引起争议，特别是在此维度上得分相对较高的社会中。我们决定保留霍夫斯泰德的原始描述，因为我们没有资格改变这一在社会科学中拥有广泛共识的术语。我们建议读者可以把这个维度理解为"强硬"与"柔和"。欲了解更多信息，请访问：www.hofstede-insights.com。

13.1.4 不确定性回避指数（UAI）或对不确定性的态度

不确定性回避维度表现了社会成员对不确定性和模糊性感到不适的程度。这里最根本的问题是：一个社会如何应对未知的未来？对未知的事物加以控制还是让它发生？不确定性规避指数较高的国家保持着严格的信仰和行为守则，不能容忍非正统的行为和观念，通过规则和形式来结构化生活是必要的，能力和专长被高度重视，焦虑水平也往往更高。不确定性规避指数低的社会保持着更放松的态度，认为实践比原则更重要，人们往往更具创业精神和创新性。

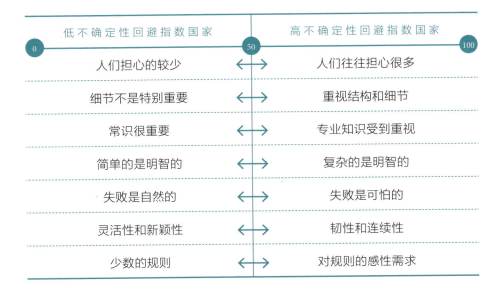

13.1.5 长期性导向（LTO）或时间观念

每个社会都必须在与过去保持联系的同时，应对当前和未来的挑战，不同的社会对这二者存在着不同的优先目标。

在此维度上指数较低的社会，通常更愿意遵循历史悠久的传统和规范，对社会变革持怀疑态度；相反，此指数较高的文化则采取更加灵活的方式，"真理"往往不那么绝对，而更多的是与实际的具体情况相关，鼓励储蓄及现代化教育来为未来作准备。

在商业范畴内，这个维度被称为（短期的）规范的与（长期的）务实的。

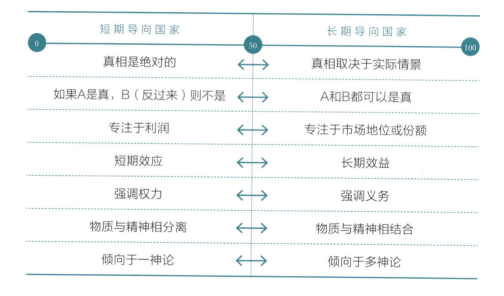

13.1.6　放纵与克制（IND）或享乐观念

高放纵的指数表明，一个社会允许相对自由地满足人对享受生活和乐趣的基本的、自然的欲望。低指数则表明该文化通过严格的社会规范来抑制欲望的满足。

克制型国家 (0—50)		放纵型国家 (50—100)
更多的道德规范	↔	更少的道德规范
强调责任	↔	强调自由
宿命论	↔	乐观主义
被动无力感	↔	主观能动性
犬儒主义	↔	积极乐观
更为焦虑的性格	↔	更外向的性格

13

13.1.7 哈布·韦斯滕的文化集群[1]

在复杂的国际组织工作的经历,让韦斯腾意识到对于霍夫斯泰德的文化维度单独层面上的理解不足以解释现实生活中的问题的复杂性。在讨论中,他发现自己主要是通过结合两三个或所有维度来针对情况进行解释和分析的,他认为这比仅对比单个维度更简单有效,也更容易理解、掌握和应用。最终,他由此创建了6组文化集群及相应的思维意象[2]。

竞赛	网络	机械	太阳系	金字塔	家庭
PDI IDV MAS UAI	PDI IDV MAS UAI	PDI IDV MAS UAI	PDI IDV MAS UAI	PDI IDV MAS UAI	PDI IDV MAS UAI
↘ ↗ ↗ ↘	↘ ↗ ↘ →	↘ ↗ ↗ ↗	↗ ↗ → ↗	↗ ↘ → ↗	↗ ↘ ↗ ↘
美国 英国 爱尔兰 新西兰 澳大利亚 加拿大	瑞典 荷兰 挪威 芬兰 丹麦	德国 瑞士(德语区) 捷克 匈牙利 奥地利 卢森堡	法国 比利时 瑞士(法语区) 意大利(北部) 波兰 西班牙	危地马拉 巴西 俄罗斯 土耳其 葡萄牙 韩国	新加坡 中国(包括香港地区) 泰国 印度 马来西亚
竞争 自主权 分权化 冒险主义 结果导向 野心 变革	协调一致 合作 分权化 冒险主义 幸福 可靠性 社会道德	结构主义 自主权 分权化 程序化 危机意识 专业性 重视专家	等级主义 规则 集权化 礼节 分析 荣誉 幸福	等级主义 忠诚 集权化 礼节 程序化 尊重 间接沟通	等级主义 忠诚 集权化 和谐 灵活性 间接沟通

---

1 摘自哈布·韦斯滕的论文,"思维意象,一种帮助理解政治、商业、宗教……存在的误区的视角,以应对当今混乱世界中的挑战"论文可通过 huib@itim.org 向作者发送邮件索取。
2 版权所有 Hofstede Insights & Huib Wursten

为了实现本书的目的，我们选择了不同的思维意象，以更贴合每个集群的典型谈判行为。

* 竞赛 = 竞争者
* 网络 = 联结者
* 机器 = 组织者
* 太阳系 = 外交官
    * 金字塔 = 互惠者
    * 家庭 = 马拉松选手

正如第 12 章所讨论的，日本是非常特殊的，不属于上述任何一个集群，因此，从国家文化的角度来看，它本身是独立的，我们将其命名为"工匠"。

日本

PDI IDV MAS UAI
→ → ↗ ↗

结构
完美主义
和谐
协调一致
荣誉
礼节
间接沟通

13.2 演绎推理与归纳推理

写一本关于谈判的书，让其对大部分读者来说是清晰并有用的是极具挑战性的。如果考虑到每个人在学习和解决问题的方式上都有很强的文化因素，那就更难了。从广义上讲，我们处理和解决问题的方式，以及今后我们将被灌输的方式，都可以分为两个不同的思维方式：演绎或归纳。

以演绎方式运作的文化中，人们将首先尝试对整个局势进行鸟瞰，从而对更大的局势和整体理论有一定的把握，这样你就可以找出问题的来源是什么，以及整体中的不和谐因素。只有这样，人们才能作出决定并采取行动来解决问题的根本。这里，关键驱动力是要真正地理解问题的根源与整个局势。

归纳推理是从理论、观察和分析中推导出解决方案的一种方法。许多欧洲国家倾向于以归纳的方式运作。以归纳推理方式运作的社会，人们倾向于快速尝试可能成功的解决方案，如果不起作用，就一个接一个地尝试，直到找到一个可行的方案。归纳方式试图从一系列周密的实验中归纳出解决方案。类似于试错法——快速尝试，快速失败，快速改变，最佳实践的使用是归纳文化的典型。在这些文化中，人们不太能理解为什么其他解决方案比归纳方式更有效。他们往往尝试一些解决方法，如果有效，就足够可以转化为最佳实践。盎格鲁－撒克逊文化背景下的人们倾向于这种归纳方式。哈佛大学商学院就以其案例教学方法而闻名。学生们通过学习一系列现实生活中的商业案例，来总结出什么是有效的，什么是无效的。相较于追究问题的根源，这种方式将重点集中在最佳实践上。

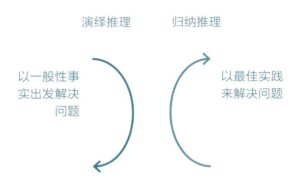

演绎推理　　归纳推理

以一般性事实出发解决问题　　以最佳实践来解决问题

举一个夸张的例子进一步说明

来自演绎推理背景的人，就其应用于海洋产业的安全设备的质量作这样的展示："我们都知道宇宙有它的秩序法则，行星遵循着既有的轨迹，潮汐是月球引力的结果。我们出售的船舶安全材料的保修系统非常先进，其硅胶密封将潮汐因素考虑了进来。"

擅长演绎方式的人认为这种推理方式可靠又明智，将话题放在整个宇宙更高的真理的中心。偏好演绎推理的文化典范是法国人和俄罗斯人。

归纳推理则完全采用不同的方法。它从相反的一端开始。偏好归纳推理的客户（可能会是英国人、澳大利亚人或美国人）则可能先直接抛出一个问题："我们暴露在海水中的硅胶密封有问题。谁能快速有效地解决这个问题？"

如果你试图通过演绎推理的销售论点来推销你的解决方案，对方可能会很快就开始无聊地打哈欠，"什么时候才能说到重点？"

因而，针对这种客户就要放弃演绎推理的方式，而是简洁地表达出你的重点："您打电话给我要求帮助您解决硅胶密封件过度磨损的问题。我们的产品种类繁多，在 X 和 Y 领域内的应用非常成功，这与您的问题非常相似。我绝对有信心能解决您的问题。"

相反，如果你向一个来自演绎偏好文化的客户提案，就要充分准备好你的论点，而不仅仅提供最佳实践和实际证明。演绎推理思维的客户想了解你的解决方案的学术基础。

文化科学

13.3 个人主义社会和集体主义社会在谈判风格间的关键差异

通过观察韦斯滕的文化集群，我们发现其中有 4 个集群具备共同的特征：在个人主义维度上的指数高或者很高。可以肯定的是，在一个强调"我"的文化中进行谈判，与在一个强调"我们"的文化中进行谈判是非常不同的。个人主义集群往往是任务导向，而集体主义集群更倾向于关系导向。不同个人主义集群达成任务的方式各不相同，对人际关系持有不同的价值观，但无论如何，对于所有个人主义国家而言，成功地完成任务都是第一位的。

这 4 个集群覆盖了大部分经济成功的西方世界。这非常有趣，我们得出一个结论：高度个人主义（高 IDV）是唯一能实现金融财富意义上成功的模式。研究表明，通过对人均国民生产总值和个人主义之间的对比显示，这似乎与一个国家的财富相关联。随着时间的推移，一个国家变得越富有，个人主义的分数就越高。然而，似乎并不是个人主义让我们更富有，而是我们更富有让我们变得更加个人主义。看看"亚洲虎"们的经济发展，你就会明白"我们"的意思了。

"我们"与"我"

首先，我们需要理清集体主义社会如何看待"我们"，因为这与个人主义社会感知"我们"的方式非常不同。如果你来自个人主义社会，很可能你对一个群体的理解就是：以某种方式联系在一起的个体的集合而形成的一个群体。

简单地举例说明：如果我们对一群人说"我们去吃午饭吧"，我们是在向群体中的各个个体发出邀请，而不是真的邀请整个群体。我们期待每个人的反应，从"我还不能"到"走吧，我饿了"，这取决于每个人的感受。我们不会去期待整个群体的答复。

然而，对于集体主义者来说，情况是完全不同的。"集体"这个词最能描述集体主义心目中的"我们"。这里所说的"集体"是一个独特的、非常强大的实体，对所有人负责。个人只是集体的一部分——就像身体中的一个器官，而不是单独的个体，不具备单独的身份。

对于个人主义，集体主义是一种无形的、难以捉摸的实体，会显得难以理解。但对于集体主义而言，集体能提供个体的一切需求：舒适和保护，同时也有刺激、创造力和挑战。个体一生都在集体的安全和保障下生存。一个人将学会如何服务集体，扮演他在集体中父亲、工人、丈夫、老板等角色，并因作为集体中的一分子而感到满足。

下面的图片说明了个人主义和集体主义之间对"我们"感知上的差异。

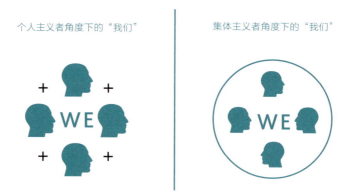

在一个集体主义社会，个人的利益服从于集体。作为回报，集体为个人提供保护和支持。不同于个人主义社会，集体主义社会存在高度的关系导向而不是任务导向。

> 个人逸事（之前已经从不同的角度讨论了）
> 让-皮埃尔打算去看望他在中国工作和生活的儿子，希望利用这个机会花一天或两天时间来开发新客户并获取一些相关的经验。因此，他要求儿子给他一些当地大公司的联系信息，如果有可能的话，最好是关于人事经理的信息，并希望他能以此获得2到3个有意向的客户。第二天，让-皮埃尔收到一份500强公司的名单，他儿子的一位在临时劳动行业工作的朋友提供了这份名单。他热情地联系了所有知名人士，毫不意外，他却从未收到任何反馈。最后，他成功地安排了三次会议，但所有这些会议都是透过中间人的个人关系或商会安排的。

一个重要的教训是，不同于个人主义社会的方式，单纯打电话来建立联系的方式在集体主义社会根本行不通。试图这样做被认为是不恰当的，甚至是不雅的。在中国和日本，人们不太与陌生人做交易。人们倾向于与朋友、朋友的朋友或与熟人介绍的人做生意。对于个人主义国家的人来说，这极具挑战性，需要不断地努力才能理解这种差异。你可能会认为这种做交易的方式不妥，因为这可能与你的价值观

文化科学

相冲突。

许多个人主义国家的人们以其能将商务活动与个人生活严格分离而自豪。他们强烈地认为这样做是合乎情理的,甚至他们认为占领了道德高地。世界上的大多数人都生活在集体主义社会,他们完全不这么认为。他们很难理解如果双方互不了解,甚至不是来自一个可信赖的朋友的推荐,双方如何能建立起可信赖的商业关系。这还与法治的地理、历史因素相关。这样想一下:如果你生活在一个人人都尊重法治的社会里,你的对手也完全遵守同样的法律准则,因此,信任是建立在双方都将遵循同样的规则和条例的基础之上的。你不需要个人关系来增强信任或减少商业风险,你可以将精力集中在任务上而不是个人关系上。在世界上有些地方,并没有强大的法治支撑或者法律并不可信赖,这就构成了个人风险和商业风险。什么能够减轻这种风险呢?——现在答案似乎很明显了,你可以选择与你认识和信任的人一起生活、娱乐、工作和交易。你所属的集体和你所信任的人都是非常重要的存在。如果没有一个法律框架和法治的力量来解决可能发生的冲突,为什么要冒险和陌生人做生意呢?保持集体的完整性,不断加强可信任的人脉圈,从逻辑上来说,是每个人所做的事情的首要任务。这样,个人的利益与集体的利益就达成了一致,"我们"和"我"之间实现了一种和谐的关系。

个人关系是与集体主义者做生意的唯一最重要的因素。也就是说,你很难把你的关系转交给继任者吗?如果做得恰到好处,情况并非如此。你需要把你的继任者介绍给你所有的人脉,并确保花足够的时间来确保关系的成功转移。计划一个足够长的过渡期,以便在关系慢慢转移的过程中你仍然能够从中协调。这样,交接就能顺利完成,业务关系也能保持稳定。如果这方面不注意,原本的业务就会有风险,接下来的继任者就只能从头再来。

裙带关系

裙带关系对于任何一个来自个人主义社会的人来说都是一个邪恶的词汇。然而,在集体主义社会情况是不同的。个人主义思维认为裙带关系是不可接受的,认为这是个人在滥用权力为家人或朋友谋利。这里需要明确区分裙带关系与腐败的不同。后者在任何地方、任何时间都是不可接受的。让我们直面裙带关系,尤其在家族企业中,裙带关系无所不在,在个人主义社会也是可接受的。至于裙带关系的表现方式则高度依赖于文化背景。

在集体主义社会,领袖是能够促进群体发展的集体中的一员。如果他拒绝某件

13

有益于集体的决定（如从集体中指定某人），集体中的每个成员都会表示不理解。从个人主义的角度来看，这可能仍然很难理解，但至少你应该认识到两者的情况是完全不同的，需要在其文化背景下加以审视。显然，无论在何种文化背景下，滥用权力和牟取暴利都是不可接受的，但要明白不要想当然地以自己的道德框架来评判对方。

直接沟通与间接沟通

一般来说，集体主义国家的礼仪中往往不容许回答"不"。尽管你可能认为一个明确的否定答复是有益的，但在集体主义社会人们的眼里，这是非常不礼貌和冒犯的行为。你会发现，集体主义者从不以"不"来回答问题，而是有一系列的其他词汇，如"是的""也许是""可能"。

如果你来自个人主义社会，你要习惯于问一些不能仅仅用"是"或"不是"来回答的开放式问题，或者采用选择题的方式，如"如果我给您方案A，我会是您的初级还是次级供应商？"这样客户就可以回答"次级供应商"，而不必担心不礼貌或侮辱到你。同时，对方也有机会礼貌地让你知道你的方案尚且不是最好的，给你一个改进的机会。如果你想问一下你的方案是否符合他的要求，你很有可能发现自己将对方置于一个不得不说"不"的境地，误解也会开始累积。

你还有一个选择，是用一个问题来回答问题。

13.4　时间观念

霍夫斯泰德的第5维度是长期导向，对于许多遥远的东方集体主义社会尤为重要。总体来说，亚洲国家的分数较高；中东和拉丁美洲国家的得分在中到低的范围内，北非国家则最低。

此在维度上的高分意味着：

* 没有绝对真理。许多宗教或信仰常常能够和平共存（如在日本的神道教和佛教）
* 变化容易被接受
* 崇尚坚持不懈
* 务实的作风，这意味着原则不是绝对的，要视情境而定

文化科学

* 长远的成功比短期的收益更重要

此维度上的低分意味着：

* 人们倾向于用绝对真理来思考问题。有些事情要么是对的，要么是错的
* 短期收益优先

尽管这一维度对国际谈判有影响，但在本书中我们并没有选择细分韦斯滕的金字塔集群。我们选择了保持宏观的视角，在"互惠者"思维模式（第10章）中存在着短期导向和长期导向两类国家。

附件

附件：国家（地区）名单

国家	模式	章节	页码
非洲	互惠者	10	27,37,82,128
阿尔巴尼亚	互惠者	10	82
安哥拉	互惠者[1]	10	82
阿根廷	互惠者	10	82
澳大利亚	竞争者	6	24,30,35,37,122,124
奥地利	组织者	7	25,49,122
孟加拉国	互惠者[1]	10	82
比利时	外交官	9	26,33,34,66,68-70,96,122
不丹	马拉松选手	11	92
巴西	互惠者	10	82
保加利亚	互惠者	10	82
布基纳法索	互惠者[1]	10	82
加拿大	竞争者	6	37,122
佛得角	互惠者	10	82
智利	互惠者	10	82
中国	马拉松选手	11	23,90-99,122,126
哥伦比亚	互惠者	10	82
哥斯达黎加	互惠者	10	82
克罗地亚	互惠者	10	82
捷克	组织者	7	25,49,122
丹麦	联结者	8	26,58,59,60,122
多米尼加	马拉松选手	11	92
厄瓜多尔	互惠者	10	82
埃及	互惠者	10	82

---

1 这些国家在不确定性规避方面的得分为 50 分，我们决定把它们归为"互惠者"集群里，但你也会在这些国家发现"马拉松选手"的思维。

附件：国家（地区）名单

萨尔瓦多	互惠者	10	82
爱沙尼亚	联结者	8	58
埃塞俄比亚	互惠者	10	82
斐济	马拉松选手	11	92
芬兰	联结者	8	58,122
法国	外交官	9	2,26,34,50,66-75,94,122,124
德国	组织者	7	16,25,35,46,48-50,94,122
加纳	互惠者	10	82
希腊	互惠者	10	82
危地马拉	互惠者	10	82,122
洪都拉斯	互惠者	10	82
中国香港	马拉松选手	11	92,122
匈牙利	组织者	7	49,122
冰岛	联结者	8	58
印度	马拉松选手	11	92,93,122
印度尼西亚	马拉松选手	11	85,92
伊朗	互惠者	10	82
伊拉克	互惠者	10	82
爱尔兰	竞争者	6	37,122
以色列	组织者	7	49
意大利（北区）	外交官	9	26,70,122
牙买加	马拉松选手	11	92
日本	工匠	12	28,102-110,123,128
约旦	互惠者	10	82
肯尼亚	互惠者	10	82
科威特	互惠者	10	82
拉脱维亚	联结者	8	58
黎巴嫩	互惠者	10	82
利比亚	互惠者	10	82
立陶宛	联结者	8	58
卢森堡	组织者	7	49,122

马拉维	互惠者	10	82
马来西亚	马拉松选手	11	92,122
马耳他	外交官	9	70
墨西哥	互惠者	10	82
中东地区（普遍的）	互惠者	10	82,128
摩洛哥	互惠者	10	82,83
莫桑比克	互惠者	10	82
纳米比亚	马拉松选手	11	92
尼泊尔	马拉松选手	11	92
荷兰	联结者	8	2,3,26,58,59,61,122
新西兰	竞争者	6	24,37,122
尼日利亚	互惠者	10	82
挪威	联结者	8	58,122
巴基斯坦	互惠者	10	82
巴拿马	互惠者	10	82
秘鲁	互惠者	10	82
菲律宾	马拉松选手	11	92
波兰	外交官	9	70,122
葡萄牙	互惠者	10	82,122
罗马尼亚	互惠者	10	82
俄罗斯	互惠者	10	80,82,122,124
沙特阿拉伯	互惠者	10	82
塞内加尔	互惠者	10	82
塞尔维亚	互惠者	10	82
塞拉利昂	互惠者	10	82
新加坡	马拉松选手	11	92,122
斯洛伐克	互惠者	10	82
斯洛文尼亚	互惠者	10	82
南非（白人地区）	竞争者	6	37,84
韩国	互惠者	10	82
西班牙	外交官	9	26,122

附件：国家（地区）名单

斯里兰卡	马拉松选手	11	92
苏里南	互惠者	10	82
瑞典	联结者	8	58,122
瑞士（德语区）	组织者	7	25,49,122
瑞士（法语/意大利语区）	外交官	9	70,122
叙利亚	互惠者[1]	10	82
中国台湾	互惠者	10	82
坦桑尼亚	互惠者	10	82
泰国	互惠者[1]	10	82,122
特立尼达	互惠者	10	82
土耳其	互惠者	10	82,122
阿拉伯联合酋长国	互惠者	10	82
英国	竞争者	6	24,30,31,33-41,43,44,68,122
美国	竞争者	6	23,24,30,35,37,39,41,43,122
乌拉圭	互惠者	10	82
委内瑞拉	互惠者	10	82
越南	马拉松选手	11	92
赞比亚	互惠者	10	82
津巴布韦	互惠者	10	84

图书在版编目(CIP)数据

跨国谈判本土化战略/(比)让-皮埃尔·科恩(Jean-Pierre Coene),(比)马克·雅各布斯(Marc Jacobs)著;王凯华译.—上海:复旦大学出版社,2019.9
书名原文:Negotiate like a Local
ISBN 978-7-309-14350-8

Ⅰ.①跨… Ⅱ.①让…②马…③王… Ⅲ.①商务谈判-研究 Ⅳ.①F715.4

中国版本图书馆 CIP 数据核字(2019)第 097201 号

跨国谈判本土化战略
(比)让-皮埃尔·科恩 (比)马克·雅各布斯 著 王凯华 译
责任编辑/戚雅斯

复旦大学出版社有限公司出版发行
上海市国权路 579 号 邮编:200433
网址:fupnet@fudanpress.com http://www.fudanpress.com
门市零售:86-21-65642857 团体订购:86-21-65118853
外埠邮购:86-21-65109143
上海丽佳制版印刷有限公司

开本 787×1092 1/16 印张 9 字数 152 千
2019 年 9 月第 1 版第 1 次印刷

ISBN 978-7-309-14350-8/F·2573
定价:40.00 元

如有印装质量问题,请向复旦大学出版社有限公司发行部调换。
版权所有 侵权必究